MOEWIG

MOEWIG-NATURFÜHRER

ESSBARES AUS DER NATUR

Pamela Forey
Cecilia Fitzsimons

Achtung

Dieses Symbol zeigt an, daß gewisse Teile der Pflanze giftig sind oder daß das betreffende Gewächs mit anderen giftigen Pflanzen verwechselt werden kann. Die Bestimmung ist also sehr sorgfältig durchzuführen.

Erklärung der Symbole

- Kann roh gegessen werden
- Salate
- Gemüse
- Suppen
- Saucen, Marmeladen, Gelees
- Torten und Desserts
- Brot und Kuchen
- Getreide und Mehl
- Pickles und Saucen
- Kräuter und Gewürze
- Bonbons
- Tee oder Kaffee
- Wein oder Bier
- Zur Aromatisierung von Likören
- Öl

Erstmals erschienen 1991 by Charles Letts & Co Ltd.
Deutsche Erstausgabe
Aus dem Französischen von Dr. Marcus Würmli

Fachliche Beratung: Dr. Hans W. Kothe
Umschlagentwurf und -gestaltung: Werbeagentur Zeuner, Ettlingen
Druck und Bindung: Elsnerdruck, Berlin
Printed in Germany 1992
ISBN 3-8118-8675-4

Inhalt

Einleitung

Immer mehr Menschen verwenden Wildpflanzen in der Küche, sei es beim Camping oder zu Hause. Dieser Führer will Ihnen helfen, sich mit den eßbaren Pflanzen der Natur vertraut zu machen. Sie finden hier Hinweise zur genauen Bestimmung jeder Art und ihrer Verwendung: zum Beispiel als Salat, in Gemüsetorten, als Tee oder Gewürzkraut oder um Weine oder Liköre zu aromatisieren. So können Sie stets die richtigen Pflanzen aussuchen.

Die meisten Pflanzen in diesem Buch sind häufig und leicht zu finden. Man muß also nicht Stunden vergeblicher Suche aufwenden. Gewisse Arten zählen wir herkömmlicherweise zu den Unkräutern. Einige Arten weisen allerdings eine sehr beschränkte Verbreitung auf, wie der Meerkohl, der nur an der Ostseeküste vorkommt. Er ist vom kulinarischen Standpunkt aus sehr interessant, sollte aber wegen seiner Seltenheit – er steht auf der „Roten Liste der bedrohten Arten" – nicht gesammelt werden. In solchen Fällen sind auch stets die Naturschutzgesetze der betreffenden Länder zu beachten.

Der Bestimmungsschlüssel

Die Bestimmung einer eßbaren Pflanze verlangt viel Sorgfalt. Die meisten Arten können nämlich nur dann mit Gewißheit identifiziert werden, wenn sie auch Blüten aufweisen. Die eßbaren Teile dieser Pflanzen erscheinen hingegen oft außerhalb der Blütezeit. Gewisse eßbare Pflanzen ähneln auch sehr stark giftigen Arten (siehe Seite 11). Am besten geht man so vor: Man bestimmt die Pflanzen während der Blütezeit und beobachtet sie dann im Verlauf der Jahreszeiten. So lernt man beispielsweise die Blattrosette einer eßbaren Pflanze im Frühjahr kennen, ihre eßbaren Wurzeln im Winter und die Früchte und Nüsse, die im Herbst auftreten.

Zum Gebrauch dieses Buches

Dieses Buch ist in sechs Kapitel unterteilt. Die ersten fünf betreffen die Blütenpflanzen, das letzte die Pilze und die Algen. Jedes Kapitel ist durch eine Kopfleiste mit eigenen Farben gekennzeichnet. Ein Symbol darin gibt einen Hinweis auf den eßbaren Teil der Pflanze. Die Einführungsseite von jedem Kapitel gibt einen Überblick über die Verwendungsmöglichkeiten der behandelten Pflanzen. Weil eine Pflanzenart oft mehrere verschiedene eßbare Teile aufweist, sind auch Verweise auf andere Kapitel enthalten. In der Einführung zum Kapitel „Blätter und Schößlinge" sind zum Beispiel auch alle jene Pflanzen der anderen Kapitel aufgenommen, deren Blätter und Schößlinge eßbar sind.

Zuerst müssen wir entscheiden, was für Pflanzenteile wir brauchen. Vielleicht wollen Sie ein neues Gemüse oder einen Salat ausprobieren? Die folgenden Abschnitte fassen die Verwendungsmöglichkeiten der verschiedenen Pflanzenteile zusammen. Nach dieser ersten Etappe wenden wir uns dem oder den betreffenden Kapiteln zu. Die Einführungsseite zu den Kapiteln wird Ihnen weitere Informationen geben.

Wurzeln Sie werden am häufigsten als Gemüse oder in Salaten verwendet. Karotten und Pastinak sind die bekanntesten Beispiele aus dem Bereich der Kulturpflanzen. Wurzeln können gekocht, gedünstet oder im Ofen überbacken werden. In kleine Stücke geschnitten, verwendet man sie in Salaten. Andere Wurzeln werden gebacken, zur Herstellung eines Kaffees gemahlen oder in Essig eingelegt.

Blätter und Schößlinge Die jungen Blätter und Schößlinge, die im Frühjahr austreiben, kann man roh in Salaten, gekocht als Gemüse oder als Gewürzkräuter verwenden. Die Blätter und Schößlinge des Lattichs, des Kohls und der weißen Rübchen sind die bekanntesten Beispiele aus dem Bereich der Kulturpflanzen. Die Blätter vieler Kräuter dienen als Gewürze, etwa die des Thymians und des Origanums. Aus Rosenblättern gewinnt man einen guten Tee.

Blüten und Knospen Sie werden als Gemüse wie Broccoli, als Beigabe zu Salaten, als Füllung für kleine Törtchen oder kristallisiert in Bonbons verwendet. Aus den Blüten der Gemeinen Kuhblume und des Hopfens stellt man aromatischen Wein und Bier her.

Früchte Sie werden frisch, vielleicht mit Schlagsahne, gegessen oder getrocknet. Man bereitet aus ihnen Saucen, Marmeladen und Gelees und garniert damit Torten und Kuchen. In diese Gruppe gehören zum Beispiel Erdbeeren, Äpfel und Kirschen. Man kann aus vielen Wildfrüchten durch Gärung auch einen Wein herstellen.

Nüsse und Samen Nüsse können roh oder gemahlen gegessen werden, oder man preßt sie, um ein Öl zu gewinnen. Sie lassen sich ebensogut salzen oder mit Zucker überziehen. Wir garnieren mit ihnen Torten und Kuchen, verwenden sie im Müsli zusammen mit Getreidesorten. Salaten geben sie einen besonderen Pfiff. Mohn- und Kümmelsamen verleihen dem Brot einen besonderen Geschmack.

Pilze und Algen Pilze werden allgemein als Gemüse oder als Beilage zu Ragouts verwendet. Ma kann sie aber auch in der Pfanne braten. Ein paar wenige kann man roh in Form von Salaten verwenden. Andere werden getrocknet und dienen dann als Würze. Am Ende des Buches sind einige Algen aufgeführt; jede Art hat ihre eigene Verwendung.

Musterseite

Die meisten Seiten sind einer einzigen Pflanzenart gewidmet. Der Text ist in vier verschiedenfarbige Kästen untergliedert. Im ersten Kasten werden die Merkmale der Pflanze beschrieben, im zweiten ihr Lebensraum und ihre Verbreitung. Der dritte Kasten enthält Anmerkungen zum kulinarischen Gebrauch, und im vierten Kasten sind ähnliche eßbare oder giftige Arten aufgeführt.

Merkmale der Pflanze

Nur in seltenen Fällen kann man Pflanzen anhand eines einzelnen Merkmals bestimmen. Im allgemeinen ist eine Kombination verschiedener Merkmale entscheidend, zum Beispiel Art und Anordnung der Blüten, Form und Anordnung der Blätter. Anhand der Informationen im ersten Kasten wird Ihnen jedoch eine Bestimmung gelingen. Sie muß aber genau und zweifelsfrei erfolgen. Auch bei der geringsten Unsicherheit sollten Sie die Pflanze nicht essen, denn gewisse Arten haben giftige, ja todbringende Doppelgänger.

Lebensraum und Verbreitung

Auch der Lebensraum, in dem eine bestimmte Pflanze vorkommt, sowie ihre geographische Verbreitung liefern oft wichtige Indizien für die Bestimmung. Der Verbreitungskarte (Abbildung 1) können Sie mit Leichtigkeit entnehmen, ob die betreffende Pflanze in dem Land vorkommt, in dem Sie sich gerade befinden. Der zweite Textkasten auf jeder Seite liefert zusätzliche Informationen über den Lebensraum und die geographische Verbreitung. Es gibt zum Beispiel keine Pflanze, die in allen Lebensräumen vorkommt.

Abb. 1: Verbreitungskarte

● Häufig in diesen Gebieten
○ Nur örtlich verbreitet

Verwendung in der Küche

Die beste Pflückzeit ist außen in der farbigen Kopfleiste auf jeder Seite angegeben. Im dritten Kasten finden Sie Angaben darüber, welche Teile der Pflanze eßbar sind und wozu man sie verwendet. Die Symbole unten an der Seite fassen die verschiedenen Verwendungsmöglichkeiten zusammen (Bedeutung der Symbole auf Seite 6).

Ähnliche Pflanzen

Nahverwandte oder ähnliche Pflanzen sind im vierten Kasten beschrieben. Ihre Verwendung ist oft nicht dieselbe. In diesem Kasten finden auch Pflanzen Aufnahme, die ganz anders aussehen als die behandelte Art, die aber in ähnlichen Lebensräumen vorkommen. Angegeben sind ebenfalls verwandte oder ähnliche giftige Arten, die man mit der eßbaren verwechseln kann.

Giftpflanzen ☠

Zahlreiche Pflanzen sind nicht eßbar, und manche sind äußerst giftig. Wiederum andere haben eßbare Teile, während der Rest Giftstoffe enthält. Das Symbol mit dem Totenkopf mahnt zu vorsichtigem Umfang mit der Pflanze. Eine genaue Bestimmung ist hier erforderlich. Auch alle Pilze müssen genau bestimmt werden, denn einige tödlich giftige Arten ähneln sehr stark eßbaren Formen. Wir raten Ihnen dazu, Ihre Pilzausbeute einer Kontrollstelle vorzulegen. Sie lassen sich dabei beraten und lernen die Arten unterscheiden.

Abb. 2: Eine Musterseite

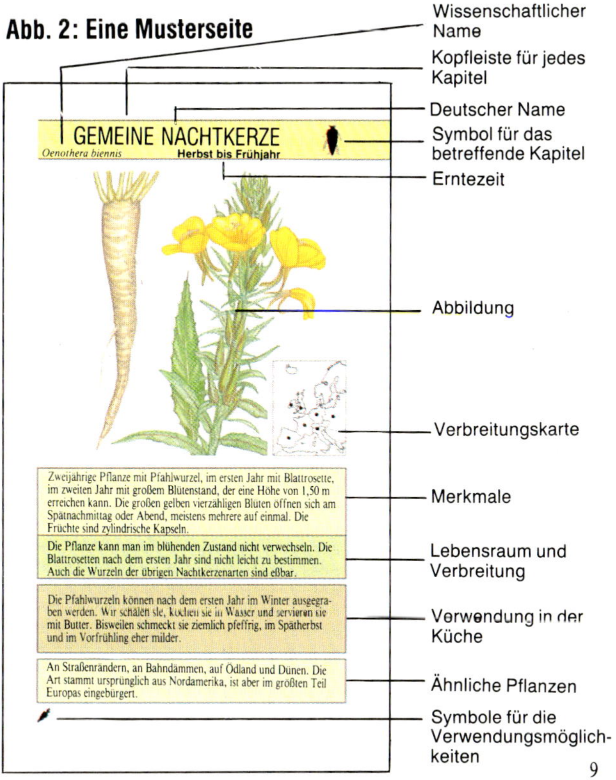

Fachbegriffe

Ausdauernd: auch perennierend. Bezeichnung für jene Pflanzen, die über mehrere Jahre hinweg blühen und fruchten, vor allem Stauden, Sträucher und Bäume. Manche ausdauernden Pflanzen wachsen krautig. Ihre oberirdischen Teile sterben jeden Herbst ab; doch im Frühjahr treiben sie wieder aus. Es gibt allerdings auch wintergrüne ausdauernde Pflanzen.
Einjährig: Bezeichnung für jene Kräuter, die innerhalb eines Jahres oder Vegetationszyklus keimen, wachsen, blühen, fruchten und dann absterben.
Früchte: Die Früchte entwickeln sich aus den Fruchtknoten der Blüten und enthalten die Samen. Es gibt ganz verschiedene Früchte. Die Beere ist meist fleischig und saftig und enthält mehrere Samen. Die Kapsel ist eine trockene Frucht; sie öffnet sich, um die kleinen Samen zu entlassen. Die Grasfrucht und die trockene Frucht der Körbchenblütler bezeichnet der Botaniker als Achäne. Die Hülse öffnet sich an einem Spalt und enthält meistens mehrere größere Samen. Die Schote hingegen öffnet sich an zwei Nähten.
Kätzchen: Ein hängender Blütenstand gewisser Laubbäume, vor allem von Weiden. Die männlichen Kätzchen produzieren den Pollen oder Blütenstaub. Mit dem Wind gelangt er auf die weiblichen Kätzchen, die dabei bestäubt werden. Aus den weiblichen Blüten entwickeln sich dann winzige Samen.
Knoten: Ansatzstelle des Blattes am Stengel.
Sitzend: Bezeichnung für ein Blatt, das ohne Stiel am Sproß befestigt ist.
Sukkulent: Bezeichnung für fleischige wasserspeichernde Blätter und Sprosse.
Zweijährig: Bezeichnung für jene Pflanzen, die im ersten Jahr die Blätter und erst im zweiten Jahr die Blüten und Früchte ausbilden und dann absterben.

Aufbau einer Blüte

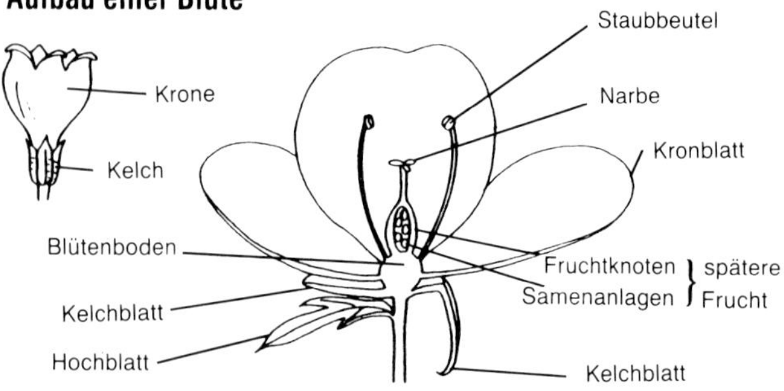

Blütenformen

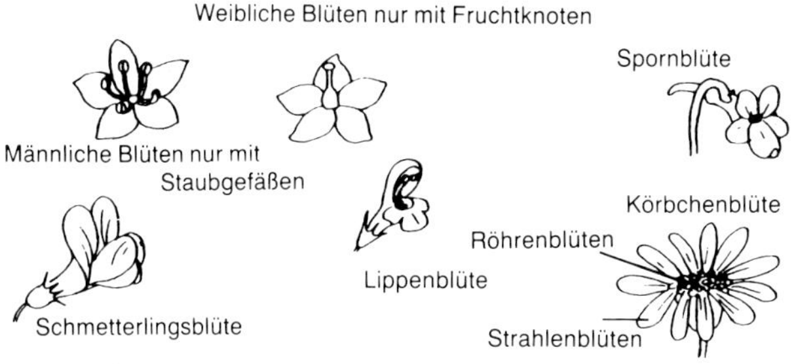

Blütenstände

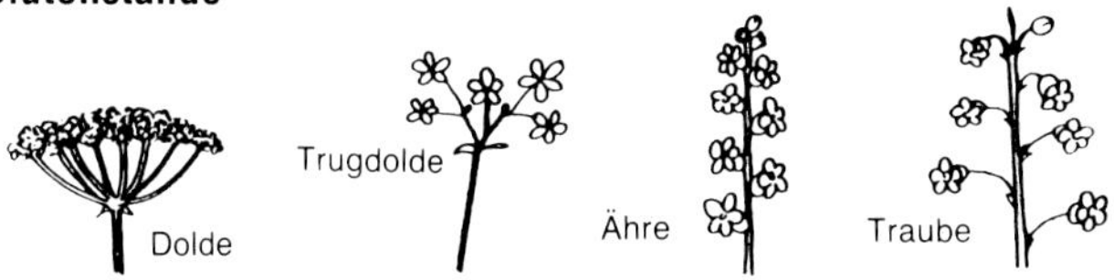

Blattformen

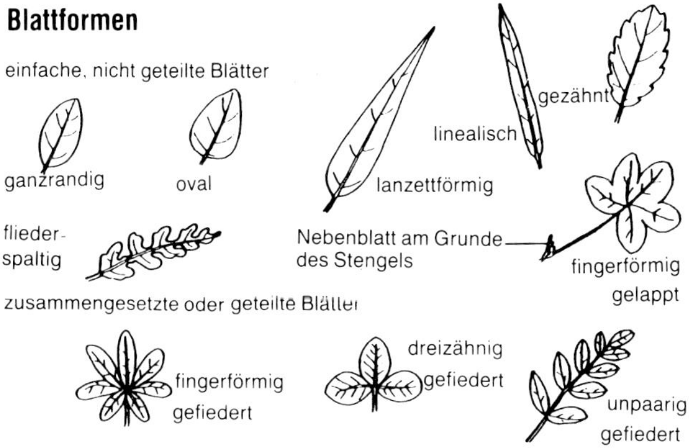

Blattstellungen

WURZELN

Unter den bekanntesten Gemüsesorten sind viele Wurzeln, besonders Speicherwurzeln, in denen die Nährstoffe der Pflanze aufbewahrt werden. Auch Wildpflanzen haben solche Speicherwurzeln. Sie enthalten darin viele Mineralstoffe und Kohlenhydrate.

Die meisten Wurzeln verwendet man als Gemüse. Man kann sie kochen, dünsten oder backen. Aus den Wurzeln der Gemeinen Kuhblume und der Gemeinen Wegwarte kann man einen Kaffee-Ersatz herstellen; dazu muß man sie rösten und anschließend mahlen. Mit den Wurzeln der Wilden Malve kann man Suppen eindicken oder Bonbons ein besonderes Aroma verleihen.

Abgesehen von den Pflanzen, die in diesem Kapitel aufgeführt sind, haben noch weitere Formen eßbare Wurzeln:

Schlangen-Knöterich (S. 26)
Rübsen (S. 31)
Herkulesstaude (S. 36)
Wilde Malve (S. 41)
Gemeine Kratzdistel (S. 46)
Gemeine Wegwarte (S. 47)
Gemeine Kuhblume (S. 49)
Kubaspinat (S. 64)
Echter Kümmel (S. 98)

GEMEINE NACHTKERZE

Oenothera biennis **Herbst bis Frühjahr**

Zweijährige Pflanze mit Pfahlwurzel, im ersten Jahr mit Blattrosette, im zweiten Jahr mit großem Blütenstand, der eine Höhe von 1,50 m erreichen kann. Die großen gelben vierzähligen Blüten öffnen sich am Spätnachmittag oder Abend, meistens mehrere auf einmal. Die Früchte sind zylindrische Kapseln.

An Straßenrändern, an Bahndämmen, auf Ödland und Dünen. Die Art stammt ursprünglich aus Nordamerika, ist aber im größten Teil Europas eingebürgert.

Die Pfahlwurzeln können nach dem ersten Jahr im Winter ausgegraben werden. Wir schälen sie, kochen sie in Wasser und servieren sie mit Butter. Bisweilen schmeckt sie ziemlich pfeffrig, im Spätherbst und im Vorfrühling eher milder.

Die Pflanze kann man im blühenden Zustand nicht verwechseln. Die Blattrosetten nach dem ersten Jahr sind nicht leicht zu bestimmen. Auch die Wurzeln der übrigen Nachtkerzenarten sind eßbar.

MEERRETTICH

Sommer und Herbst *Armoracia rusticana*

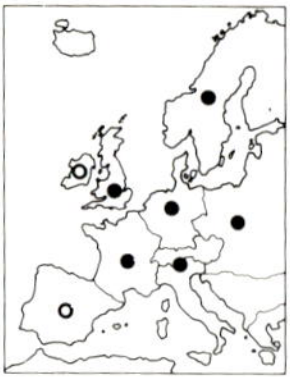

Eine ausdauernde unbehaarte Pflanze mit langen fleischigen Pfahlwurzeln und einer grundständigen Rosette aus langgestielten Blättern. Blattstiele beblättert, kräftig, 40 bis 120 cm hoch. Blüten weiß, mit vier Kronblättern, in reichblütigen Trauben angeordnet. Früchte runde Schoten an langen aufrechten Stielen.

Auf Feldern und Ödland, im größten Teil Europas mit Ausnahme von Portugal eingebürgert und oft angepflanzt.

Es lassen sich nur die noch nicht verholzten jungen Wurzeln verwenden. Wir waschen, schälen und reiben die Wurzel und verwenden sie dann als Zusatz für Saucen. Klassisch ist die Verwendung für gekochtes Fleisch oder Rinderbraten. Meerettich paßt auch gut zu Kartoffelsalat.

Die Wurzeln der Breitblättrigen Kresse wurden früher wie die des Meerrettichs verwendet. Dieser Kreuzblütler mit den eiförmigen Grundblättern wächst nur an salzhaltigen Orten.

GEWÖHNLICHER PASTINAK

Pastinaca sativa **Herbst und Winter**

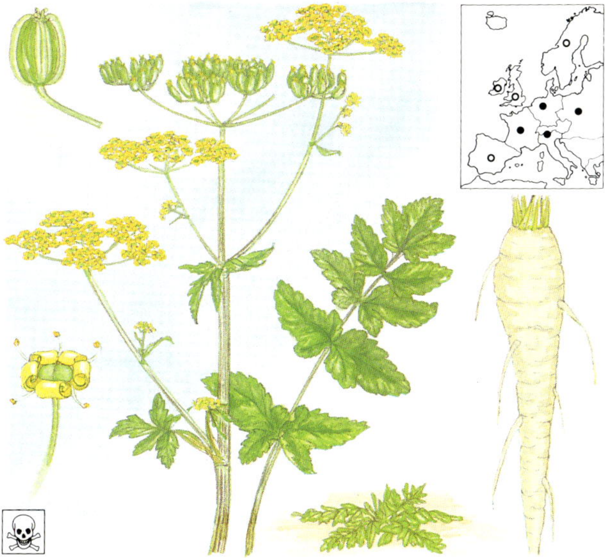

Zweijährige Pflanze, im ersten Jahr mit einer Rosette aus gefiederten Blättern, im zweiten Jahr mit beblättertem Blütenstiel, 30 bis 150 cm hoch. Winzige Blüten mit fünf gelben und innen eingerollten Kronblättern, am Ende der Blütenstiele Dolden bildend. Früchte paarig, oval, abgeflacht mit schmalen Flügeln.

An Straßen- und Wegrändern, auf Wiesen und Kalkböden.
In ganz Europa verbreitet.

Die Pflanzen bringen nach dem ersten Jahr eine Pfahlwurzel hervor, die natürlich etwas kleiner ausfällt als bei der Kulturform; die Verwendungsweise ist jedoch dieselbe. Die Blätter kann man zu Suppen geben oder mit anderem grünem Gemüse mitkochen. Pastinaksamen kann man auf die gleiche Weise wie die des Dills verwenden.

Gefahr der Verwechslung mit giftigen Arten, zum Beispiel dem Gefleckten Schierling (purpurrot gefleckte Stengel, weiße Blüten) und dem Breitblättrigen Merk (Feuchtgebiete).

KLEINE KLETTE

Frühjahr bis Herbst *Arctium minus*

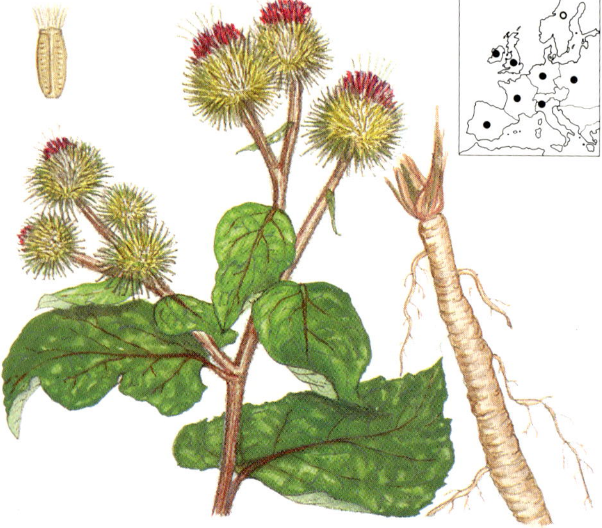

Zweijährige Pflanze, stark verzweigt, buschige Wuchsform, bis 1,50 m hoch, mit langer Pfahlwurzel. Blätter wechselständig, oval, dunkelgrün, auf der Unterseite wollig behaart, Blattstiele hoch. Blütenkörbchen rundlich, Blüten purpurfarben, Hüllblätter der Blütenkörbchen dicht stehend, an der Spitze hakig gekrümmt.

Auf Schutthalden, an Straßen- und Wegrändern, in offenen Wäldern und an Waldrändern sowie in Hecken. In ganz Europa verbreitet.

Die Wurzeln der einjährigen Pflanzen werden im Herbst oder zu Winterende ausgegraben. Schälen, in Wasser kochen und mit Butter servieren. Man kann sie zusammen mit der Wurzel der Kuhblume auch zur Herstellung von Bier verwenden. Man kann die Stengel schälen und wie Staudensellerie essen. Die jungen Blätter eignen sich zur Zubereitung von Salaten.

Die Große Klette sieht sehr ähnlich aus; ihre Wurzeln und Blätter lassen sich auf dieselbe Weise verwenden. Die robusten Stiele werden geschält und roh oder gekocht gegessen.

WIESENBOCKSBART

Tragopogon pratensis

Frühjahr bis Herbst

Ein- bis mehrjährige Pflanze mit langer bunter Pfahlwurzel und langem, bis 70 cm hohem Sproß. Blätter langgestreckt, Stengel umfassend. Blütenkörbchen einzeln stehend, gelb, öffnen sich am Morgen und schließen sich am Abend, wobei sie von den langen grünen Kelchblättern umhüllt werden. Die Früchte sind trockene Achänen.

In trockenen Wiesen, an Hecken und Straßenrändern, auf Schutthalden und Dünen. In ganz Europa verbreitet, mit Ausnahme von Portugal und einem Teil Spaniens.

Man kann die jungen Blätter und die würfelförmig geschnittenen jungen Wurzeln roh in Salaten verwenden oder zu Suppen oder Ragouts geben. Man kocht die jungen Sprosse leicht und ißt sie wie Spargel mit zerlassener Butter. Wir können die Wurzeln zu Ende des Winters sammeln: schälen, in Wasser kochen oder mit Croûtons in Öl braten.

Die verwandte Haferwurz *(Tragopogon porrifolius,* 1) stammt aus dem Mittelmeergebiet, wo man sie vor allem wegen ihrer Wurzeln anbaut. Man kann aber auch ihre jungen Blätter als Salat essen.

BLÄTTER UND SCHÖSSLINGE

Blätter und Schößlinge lassen sich als Salate oder wie grüne Gemüse verwenden. Nach dem Pflücken verlieren sie schnell ihren typischen Geschmack. Deswegen sollte man sie sofort verwenden. Wer deren Vitamine und Mineralstoffe vollständig aufnehmen will, sollte sie roh oder nur leicht gedünstet essen. Die Blätter einiger Arten wie des Salbeis und der Minze dienen als Gewürzkräuter. Aus den Blättern der Rosen und Brombeeren gewinnt man einen guten Tee.

Abgesehen von den Arten, die in diesem Kapitel aufgeführt sind, können wir auch die Blätter und Schößlinge folgender Formen verwenden:

Gewöhnlicher Pastinak (S. 15)
Kleine Klette (S. 16)
Wiesenbocksbart (S. 17)
Gemeiner Hopfen (S. 67)
Wiesenklee (S. 68)
Eingriffeliger Weißdorn (S. 79)
Senfkohl (S. 97)
Echter Kümmel (S. 98)
Dill (S. 99)

Aus den Blättern folgender Pflanzen kann man Tees bereiten:
Hundsrose (S. 73)
Brombeere (S. 84)
Himbeere (S. 85)
Walderdbeere (S. 88)
Heidelbeere (S. 89)

GROSSE BRENNESSEL

Urtica dioica **Frühling und Sommer**

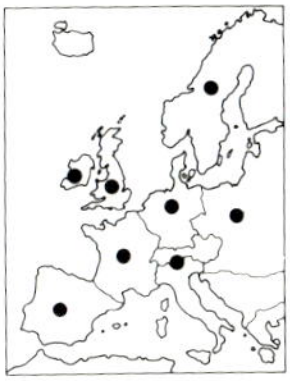

30 bis 150 cm hohe ausdauernde Pflanze, mit Brennhaaren bedeckt, Stengel zahlreich, aufrecht, im Querschnitt viereckig, Blätter gegenständig, gezähnt und zugespitzt, dunkelgrün. Winzige Blüten in den Blattachseln, Pflanze zweihäufig. Früchte sehr klein, von den getrockneten Kelchblättern umschlossen.

In Wäldern, auf Ödland, in der Nähe von Gebäuden, an Straßenrändern und in Hecken, in Gärten und auf Kulturland. In ganz Europa verbreitet.

Die zarten Schößlinge im Frühjahr und die jungen Sommerblätter werden leicht gekocht, wobei alle Brennhaare zerstört werden, und anschließend mit Butter serviert. Die Blätter geben Suppen, Tees und sogar dem Bier einen besonderen Duft. Die Brennessel ist reich an Vitaminen und dient im Frühjahr als richtiges Tonikum.

Zum Pflücken Handschuhe anziehen. Die Weiße und die Rote Taubnessel sehen ähnlich aus, sind aber mit der Brennessel überhaupt nicht verwandt. Man kann sie in der Küche aber auf dieselbe Weise verwenden.

VOGEL-STERNMIERE

Das ganze Jahr *Stellaria media*

Einjährige, zierliche und zarte Pflanze, 40 bis 50 cm hoch, Blüten weiß, endständig, wenig auffallend. Blätter oval, gegenständig, untere ziemlich langgestielt. Stengel zwischen den Knoten mit einer Reihe von Haaren. Blüten mit fünf tief eingeschnittenen, weißen Kronblättern.

Ein allgegenwärtiges Unkraut in Gärten, Kulturland, auf Ödland und an Wegrändern. In ganz Europa verbreitet.

Die jungen Pflanzen wachsen vom Herbst ab. Sie ergeben einen ausgezeichneten grünen Salat, der leicht bitter schmeckt und viel Vitamin C enthält. Nach einer kurzen Kochzeit von zwei Minuten bildet die Sternmiere auch ein gutes Gemüse, das zum Beispiel Suppen beigegeben werden kann.

Verwandte Form sind die Leinkräuter, deren Kelche oft blasig aufgetrieben sind. Sie wachsen in Wiesen. Ihre Blätter ißt man als Salat oder als Gemüse.

PORTULAK

Sommer

Portulaca oleracea

Einjährige, bodendeckend wachsende Pflanze mit zahlreichen sukkulenten Verzweigungen. Blätter gegenständig, glänzend, fleischig, spatelförmig, die endständigen bilden eine Blattrosette. Blüten einzeln in den endständigen Blattrosetten stehend, gelb, nur bei Sonne geöffnet. Früchte ovale Kapseln.

Auf Kulturland, in Gärten und Weinbergen. Mit Ausnahme des Nordens in einem großen Teil Europas verbreitet.

Die jungen Schößlinge pflückt man den ganzen Sommer. Nach dem Waschen essen wir sie als Salat oder gedünstet als Gemüse. Die Stengel kann man in Essig einlegen. Die Samen werden gemahlen und als Mehl verwendet. Dazu trocknet man die Pflanzen eine Woche lang und bewahrt die Samen in Papiertüten auf.

Der Kubaspinat ist mit dieser Art verwandt und wächst ebenfalls auf Kultur- oder Brachland. Seine Blätter sind reich an Vitamin C und können als Salat oder Gemüse gegessen werden.

WEISSER GÄNSEFUSS

Frühjahr und Herbst *Chenopodium album*

1

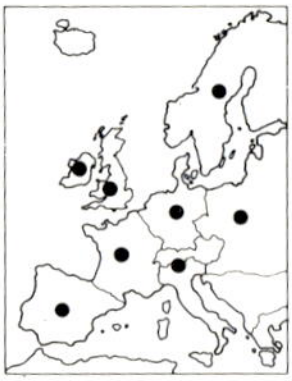

Einjähriges, 20 bis 60 cm hohes Unkraut, Stengel rötlich, drüsig behaart. Blätter ganzrandig, breit, rhombenförmig, die oberen eher lanzettlich; Oberseite grün, Unterseite mehlig bestäubt. Blüten klein, grün, zu dichten Ähren vereinigt. Früchte braun, von den ausdauernden Kelchblättern umgeben.

In der Nähe von Bauernhöfen, auf Ödland, auf Kulturland, an Straßenrändern, jedenfalls überall dort, wo der Boden viel Stickstoff enthält. In ganz Europa verbreitet.

Die jungen Schößlinge im Frühjahr oder die Triebspitzen im Sommer werden wie Spargel oder wie Spinat gekocht und verlieren dabei ebensoviel Volumen wie dieser. Aus den rohen Schößlingen, die viel Vitamin A und C sowie Proteine und Mineralstoffe enthalten, stellt man auch Salate her.

Eines der zahlreichen Gänsefußgewächse, die man als Suppeneinlage verwenden kann. Der Gute Heinrich *(Chenopodium bonus-henricus* (1)) eignet sich ebenfalls dazu und ist an seinen dreieckigen Blättern zu erkennen.

GEMEINE MELDE

Atriplex patula

Frühjahr und Sommer

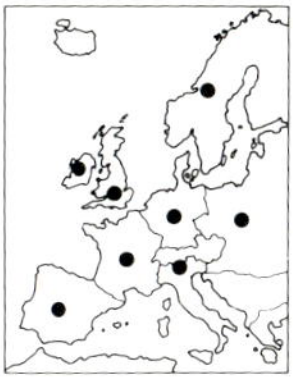

Einjährige, oft mehlig bestäubte Pflanze, Stengel verzweigt, bis 1,50 m hoch. Die meisten Blätter lanzettförmig, mit kurzen Stielen, die oberen Blätter sitzend. Blüten klein, mit fünf grünen Kronblättern, lockere Ähren bildend, die sich über die Laubblätter hinaus erheben.

Auf Kultur- und Brachland, im allgemeinen in offenen Lebensräumen, oft an Meeresküsten. Im größten Teil Europas verbreitet.

Die Blätter und jungen Schößlinge lassen sich kochen und wie Spinat verwenden. Wenn man sie zu Ampferblättern hinzugibt, mildern sie deren Säure.

Die Gartenmelde wird in einigen Gebieten Europas angebaut und ersetzt dort den Spinat. Mehrere Meldenarten weisen einen unangenehmen Duft auf und sind nicht eßbar.

GEMEINE RÜBE

Sommer und Frühherbst *Beta vulgaris*

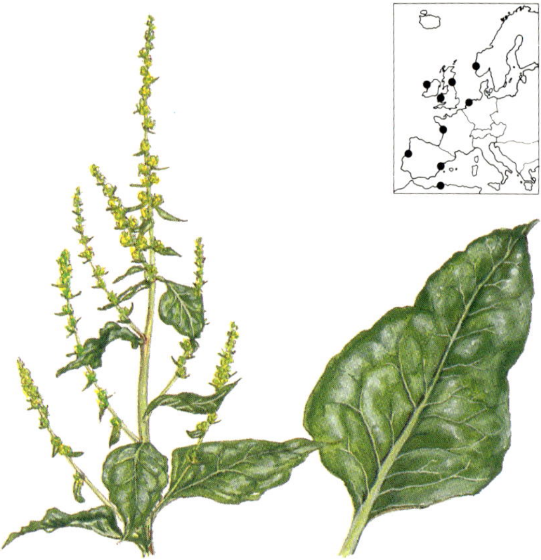

Einjährige, zweijährige oder ausdauernde Pflanze mit niederliegenden Stengeln, am Ende ungefähr einen Meter hoch, Spitze oft geneigt. Blätter dunkelgrün, dick, oval, bis 10 cm lang, Ränder leicht gewellt. Blüten klein, grün oder purpurfarben, in Ähren angeordnet.

Häufige Pflanze, gruppenweise wachsend auf Geröllungergrund und benachbartem Ödland. Im größten Teil Europas verbreitet, aber nicht überall häufig. Im Norden bis nach Südschweden und Schottland.

Die ganz jungen Blätter werden gewaschen als Salat gegessen. Die größeren Blätter kocht man in etwas Wasser und bereitet sie wie Spinat zu. Gehackt geben diese gekochten Blätter Gemüsekuchen ein feines Aroma. Mit Käse vermischt, füllt man damit auch Crêpes.

Die Zuckerrüben, der Mangold und die Roten Beten stammen von dieser Pflanze ab.

GEMEINER QUELLER

Salicornia europaea **Frühjahr bis Herbst**

1

Einjährige Pflanze, sukkulent, oft ausgebreitetes Wachstum, zahlreiche gegliederte Stengel, unbehaart, grün mit rötlichem Ton, bis 30 cm hoch. Die Blätter ähneln Schuppen und sind so klein, daß die Pflanze nur aus Stengeln zu bestehen scheint. Blüten winzig, am Ende der aufrechten Stengel zu dichten Ähren angeordnet.

Eine Pflanze der Meeresküste und salziger Standorte, oft sehr reichlich wachsend und einen Teppich bildend. An den Küsten Westeuropas und Großbritanniens verbreitet.

Die zarten salzigen Stengelspitzen schmecken roh sehr angenehm und werden mit Kartoffeln als Salat serviert. Gekocht kann man sie als Gemüse essen. Die jungen Schößlinge werden oft in Essig eingelegt.

Salzkraut *(Salsola kali* (1)): An sandigen Meeresküsten. Schmeckt salzig. Wird roh oder gekocht als Gemüse wie Spinat gegessen.

SCHLANGENKNÖTERICH

Frühjahr *Polygonum bistorta*

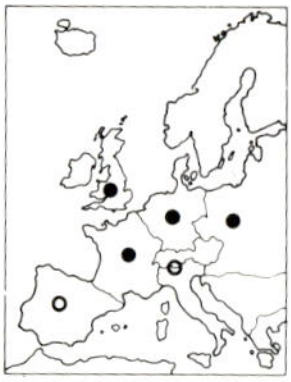

Ausdauernde Pflanze mit kräftigen Rhizomen und zahlreichen breiten langgestielten, fast kahlen Blättern. Blüten rosafarben, in dichten endständigen Ähren auf 20 bis 100 cm hohen Stengeln stehend. Blütenstengel beblättert, diese Blätter klein, lanzettförmig, sitzend, stengelumfassend. Früchte klein, dreikantig, von den trockenen Kelchblättern umschlossen.

Auf feuchten Wiesen und an Straßenrändern. In einem großen Teil Europas verbreitet. Nicht in Skandinavien und Irland. In Südeuropa nur in höheren Lagen.

Die jungen Schößlinge und die Blätter kochen und wie Spinat zubereiten. Die Wurzeln kann man auch überbacken.

Zahlreiche Knötericharten schmecken zu scharf, als daß man sie in der Küche verwenden könnte. Die Blätter des Flohknöterichs (Feuchtgebiete) werden wie Spinat gekocht.

GROSSER SAUERAMPFER

Rumex acetosa **Frühjahr**

Ausdauernde Pflanze. Blätter zahlreich, groß, unbehaart, pfeilförmig, langgestielt, grundständig, Blütenstiele 30 bis 100 cm hoch, mit stengelumfassenden Blättern, Blüten rotbraun in endständigen Ähren. Pflanze zweihäusig. Früchte klein, dreikantig.

Auf sauren Wiesen und auf Lichtungen. In ganz Europa verbreitet.

Die jungen Blätter und die jungen Schößlinge verleihen Salaten ein besonderes Aroma. Die Blätter kann man wie Spinat kochen. Sie verleihen Kartoffel- und Linsensuppen einen besonderen Geschmack. Aus den Sauerampferblättern stellt man auch eine grüne Sauce für Fisch und Fleisch her. Gehackte Blätter auch als Füllung für Omeletts und Quiches.

Der Kleine Sauerampfer *(Rumex acetosella,* (1)) wächst ebenfalls auf saurem Boden. Seine Blätter lassen sich auf dieselbe Weise verwenden. Beide Arten enthalten Oxalsäure und sollten nur mäßig genossen werden.

FELDKRESSE

Frühjahr *Lepidium campestre*

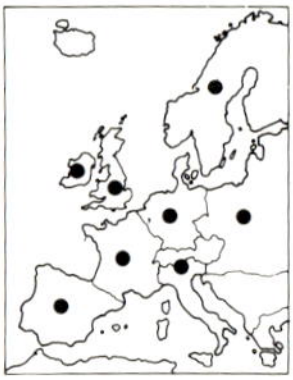

Einjährige oder zweijährige Pflanze mit grüngrauem, aufrechtem Stengel, bis 60 cm hoch, in der oberen Hälfte verzweigt. Blätter weich und behaart, gezähnt. Obere Blätter stengelumfassend. Blüten klein, weiß, mit vier Kronblättern. Früchte oval, kurz gestielt.

Auf trockenen Wiesen, an Weg- und Straßenrändern, auf Ödland. In ganz Europa verbreitet.

Junge Schößlinge und Blätter geben in geringen Mengen Salaten einen pfeffrigen Geschmack. Die ganzen Blätter in Wasser kochen und als Gemüse servieren. Die Samen verleihen Suppen und Ragouts mehr Geschmack.

Das Hirtentäschelkraut, das in Gärten und auf Ödland sehr häufig auftritt, kann auf dieselbe Weise verwendet werden; es hat winzige weiße Blüten und herzförmige Früchte.

KNOBLAUCHRAUKE

Alliaria petiolata

Frühjahr und Sommer

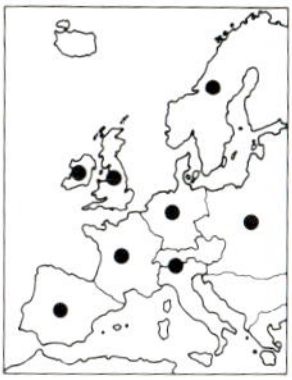

Zweijährige Pflanze, die einen Knoblauchduft verströmt, wenn man sie ausreißt. Im ersten Jahr bildet sich eine Rosette aus herzförmigen Blättern mit langem Stiel. Im zweiten Jahr wächst ein 20 bis 120 cm hoher Blütenstiel mit Blättern und mit weißen Blüten, vier Kronblättern. Die Früchte sind lange im Querschnitt viereckige Schoten, die aufrecht stehen.

Hecken, Feldraine, Waldränder, schattige Orte.
In ganz Europa verbreitet.

Die jungen feingehackten Blätter verleihen Salat einen delikaten Knoblauchduft. Der traditionellen Minzsauce zu Lamm- oder Hammelfleisch geben sie einen neuen Pfiff.

Diese Pflanze kann den Knoblauch vorteilhaft ersetzen. Sie wird auch als Heilpflanze verwendet.

WALDKOHL

Frühjahr *Brassica oleracea leracea*

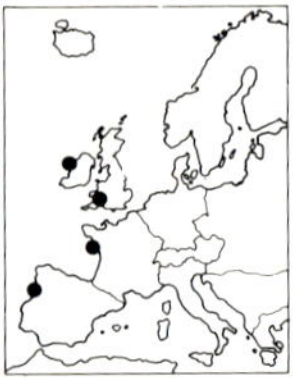

1

Zweijährige oder ausdauernde Pflanze mit langer Pfahlwurzel und holzigem Stengel, der einen Meter hoch werden kann. Blätter fleischig, grüngrau, die grundständigen gestielt und eingebuchtet, die oberen lanzettlich und stengelumfassend. Büten lebhaft gelb, mit vier Kronblättern, eine verlängerte Traube bildend. Schoten schlank mit winzigem Schnabel.

An westeuropäischen und britischen Meeresküsten, in Deutschland nur auf Helgoland, unbedingt zu schonen. Der Wildkohl ist der Vorfahr unserer verschiedenen Kohlsorten.

Die jungen Blätter und Schößlinge kochen und wie Gemüse servieren. Sie weisen den typischen Kohlgeschmack auf.

Der Weiße Meerkohl *(Crambe maritima* (1)) sieht ähnlich aus und wächst auf Geröllstränden. Blattrand eingebuchtet, Blüten weiß. Die jungen Schößlinge ißt man wie Spargel.

RÜBSEN

Brassica rapa

Frühjahr

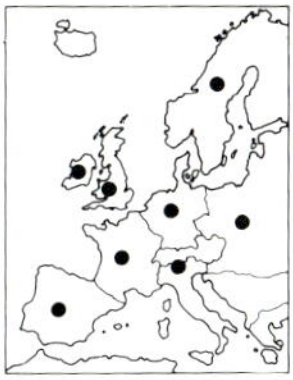

Einjährige oder zweijährige Pflanze mit verzweigtem aufrechtem Stengel, bis 1 m hoch. Untere Blätter behaart, Ränder eingebuchtet, gestielt. Obere Blätter glatt, breit lanzettlich, stengelumfassend. Blüten gelb, vier Kronblätter; der Blütenstand verlängert sich nicht mit dem Alter. Schoten schmal, am Ende mit Schnabel.

An Flußläufen, auf Ödland und an jenen Stellen, an denen die Erde bewegt wurde. In ganz Europa verbreitet. Die Kultursorten werden überall angebaut.

Die Wildpflanzen haben nicht die stark verdickte Pfahlwurzel der Kultursorten. Man ißt vor allem ihre oberen jungen Blätter. Verwilderte Kulturformen geben das Wurzelgemüse, das die Franzosen unter der Bezeichnung „navet" („weiße Rübchen") sehr schätzen.

Mit dieser Art sind auch der Raps, die Kohl- oder Steckrübe verwandt, die ebenfalls verwildert in der Natur wachsen kann.

ECHTE BRUNNENKRESSE

Das ganze Jahr *Nasturtium officinale*

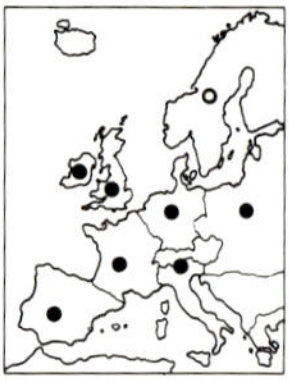

Eine fleischige ausdauernde Pflanze mit schwachen Stielen. Die Knoten können sich bewurzeln und bilden dann 10 bis 60 cm hohe Blattstiele. Blätter wechselständig, zusammengesetzt, glänzend grün. Blüten weiß oder malvenfarbig, mit vier Kronblättern, lockere Trauben bildend. Früchte ziemlich dünne Schoten, waagrecht abstehend oder aufgerichtet.

In den Ebenen im fließenden Wasser von Flüssen und Gräben.
In ganz Europa verbreitet, im Norden bis Südskandinavien. Die Brunnenkresse wird auch als Salat gezogen.

Wir ernten die jungen Schößlinge in nicht verschmutztem Wasser. Sie enthalten viel Vitamin C und Mineralstoffe. Mit ihrem scharfen Geschmack verleihen sie Salaten einen besonderen Pfiff. Man verwendet sie auch als Garnitur und als Würze für sämige Suppen. Gekocht können wir sie wie Spinat verzehren.

Die Bachbunge (S. 44) wächst in ähnlichen Lebensräumen und wird wie die Brunnenkresse verwendet. Stengel kriechend, Blätter gegenständig, Blüten blau oder violett, in den Blattachseln stehend, Trauben bildend.

ECHTES BARBENKRAUT

Barbarea vulgaris **Herbst bis Frühjahr**

Zweijährige oder ausdauernde Pflanze; im Herbst mit einer Blattrosette, im Frühjahr mit einem verzweigten Blütenstiel, der 90 cm hoch werden kann. Untere Blätter groß, tief eingeschnitten, obere Blätter sehr viel kleiner. Blüten gelb, mit vier Kronblättern, Blütenstand traubig, Schoten lang und schmal, ziemlich aufgerichtet.

Feuchtgebiete, Flußufer, in feuchten Hecken, an Straßen- und Wegrändern. In ganz Europa verbreitet, im Norden jedoch nur vereinzelt anzutreffen.

Ausgezeichnete Vitamin-C-Quelle. Wir ernten die Blattrosette bei Frost; im Frühjahr werden die Blätter bitter. Wir müssen sie dann blanchieren, damit sie ihren bitteren Geschmack verlieren. Die Blätter essen wir roh in Salaten oder gekocht als Gemüse. Knospen und Blüten werden wie Broccoli zubereitet.

Die Blätter und Blütenknospen des Ackersenfs werden auf dieselbe Weise zubereitet.

ACKERSENF

Frühjahr und Sommer *Sinapis arvensis*

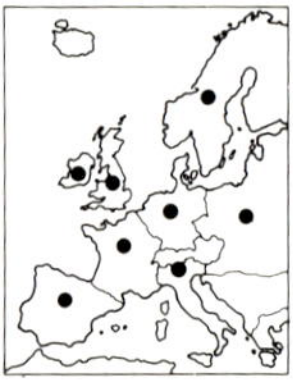

1

Behaarte einjährige Pflanze, 30 bis 80 cm hoch, Stengel aufrecht, Blätter grob gezähnt. Untere Blätter langgestielt, die oberen sind kleiner und sitzen direkt am Stengel. Blüten gelb mit vier Kronblättern; sie bilden lange Trauben, Schoten zylindrisch, mit langem Schnabel.

Auf Schutthalden, Brachland, bebauten Feldern, an Bahndämmen. Häufig in ganz Europa.

Die gehackten Blätter verleihen Salaten, Sandwiches und Omeletts ein besonderes Aroma. Man kann sie auch als Gemüse essen. Die Blütenknospen werden wie Broccoli zubereitet, aus dem Samen gewinnt man Senf.

Der Hederich *(Raphanus raphanistrum*, 1) sieht ähnlich aus, hat aber weiße oder gelbe Blüten mit purpurfarbenen Adern. Die Blätter, die Blütenknospen und die Samen werden auf dieselbe Weise verwendet.

ECHTER SELLERIE

Apium graveolens

Sommer

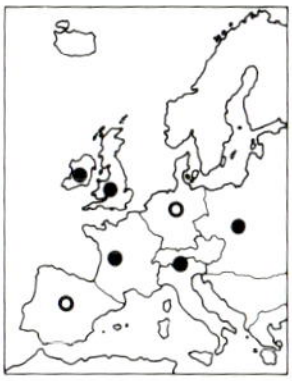

Zweijährige Pflanze mit starkem typischem Duft, Stengel aufrecht, verzweigt, im Querschnitt gerieft, ungefähr 60 cm hoch. Untere Blätter gefiedert, Fiederblättchen dreieckig und gezähnt, Blattstiele an der Basis verbreitert; obere Blätter gelappt. Blüten winzig, grünlich weiß, zu lockeren zusammengesetzten Dolden angeordnet, diese in den Blattachseln stehend.

Feuchtgebiete, an Flußufern, Kanälen, Meeresküsten und auf salzhaltigen Böden. In fast ganz Europa mit Ausnahme des Nordens verbreitet und fast überall angebaut.

Junge Stengel kann man in geringer Menge zu Salaten geben. Die Pflanze verströmt einen sehr starken Duft, der sich nach dem Trocknen verringert. Die getrockneten Stengel ergeben eine ausgezeichnete Selleriesuppe.
Die Kulturform duftet weniger aufdringlich.

Man darf diese Pflanze nicht mit verwandten, aber giftigen Arten verwechseln, etwa dem Gefleckten Schierling, der ebenfalls in Feuchtgebieten wächst, aber nicht den typischen Sellerieduft verströmt.

WIESEN-BÄRENKLAU

Frühjahr *Heracleum sphondylium*

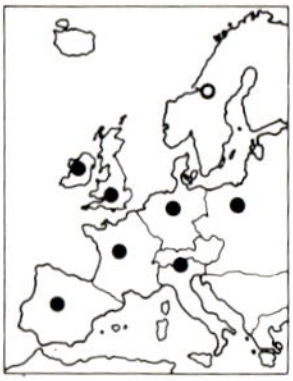

Zweijährige bis ausdauernde Pflanze. Im ersten Jahr bildet sich eine Rosette gefiederter Blätter. Im zweiten Jahr entsteht ein aufrechter Stengel, der 50 bis 200 cm hoch wird. Er trägt gelappte Blätter. Blüten weiß oder leicht rosa, zu großen Dolden angeordnet. Die Blüten am Rand weisen vergrößerte Kronblätter auf. Frucht rundlich, abgeflacht.

In Hecken, auf Waldlichtungen, an Straßenrändern und vor allem auf Wiesen. In ganz Europa verbreitet.

Wir sammeln die Blätter und die Schößlinge im Frühjahr, bevor sie sich vollständig entrollt haben, und kochen sie wie ein Gemüse. Im Geschmack erinnern sie an gekochten Sellerie. Man kann den Bärenklau auch in Suppen verwenden.

Die Herkulesstaude ist giftig und erreicht eine Höhe von über 2,50 m. Der Gefleckte Schierling ist ebenfalls giftig und wächst in Feuchtgebieten. Man erkennt ihn am purpurfarben gefleckten Stengel.

GIERSCH

Aegopodium podagraria **Frühjahr, Frühsommer**

Ausdauernde Pflanze, 40 bis 100 cm hoch, unterirdisch kriechende Wurzelstöcke, denen die gefiederten Blätter entspringen. Blattstiel lang, hohl, gerieft. Blüten weiß, winzig, zu Dolden angeordnet. Im allgemeinen sind drei solcher Dolden pro Blütenstengel vorhanden, Hochblätter fehlend. Frucht oval, abgeflacht, gestreift, paarweise vorhanden.

Ein verbreitetes Unkraut in Gärten, auf Ödland und im Wald; vorwiegend an schattigen Stellen. In einem großen Teil Europas verbreitet, im Süden zuweilen fehlend.

Wir kochen die jungen Blätter und die Schößlinge, die vor der Blüte gepflückt werden müssen, dünsten sie in etwas Wasser und servieren sie mit Butter. Durch die Ernte bekämpft man gleichzeitig dieses Unkraut. Gierschblätter schmecken auch gut in Suppen und Salaten.

Der Giersch dient auch als Heilpflanze. Er sollte auf keinen Fall mit giftigen Gefleckten Schierling verwechselt werden. Er wächst in Feuchtgebieten und hat feine gefiederte Blätter.

GESPENST-GELBDOLDE

Frühjahr *Smyrnium olusatrum*

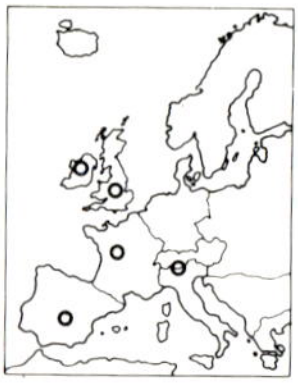

1

Zweijährige Pflanze mit verzweigten, aufrechten, gerieften Stengeln, die eine Höhe von 1,50 m erreichen. Blätter zusammengesetzt, glänzend dunkelgrün, Blattstiel am unteren Ende verbreitert, stengelumfassend. Jedes Fiederblatt ist dreigeteilt, Rand gezähnt. Blüten winzig, gelbgrün, in zusammengesetzten dichten Dolden, Hochblätter sehr klein.

Die Pflanze tritt nur lokal häufig auf, in Hecken und auf Ödland an der Meeresküste, zum Beispiel in Nordfrankreich; eingebürgert im Süden Großbritanniens.

Die frischen, jungen Blätter gibt man zu Salaten. Die weiße Basis der Stengel ist sehr fleischig und ergibt ein aromatisches Gemüse. Wir kochen sie leicht und servieren sie wie die Spargel mit zerlassener Butter. Man kann die Stengel auch als Suppengemüse verwenden.

Der Meerfenchel *(Crithmum maritimum,* 1) gehört ebenfalls zu den Doldenblütlern und wächst auch an Meeresküsten. Seine fleischigen, sukkulenten Blätter und Stengel werden als Essiggemüse verwendet.

ECHTE ENGELWURZ

Angelica archangelica

Mai

Ausdauernde, duftende Pflanze, 50 bis 200 cm hoch, Stengel hohl, grün, gerieft, grundständige Blätter groß, zusammengesetzt, Blattstiele verbreitert, stengelumfassend, Fiederblättchen ziemlich groß, gezähnt. Blüten grünlich weiß, in runden zusammengesetzten Dolden, die aus 20 bis 40 kleinen Dolden bestehen.

Die Pflanze wird oft angebaut. Die Wildform wächst auf feuchten Wiesen und an Flußufern in Nordeuropa. Eingebürgert in Großbritannien und Frankreich, in Deutschland und im Südosten Europas.

Die Stengel werden eingemacht: Wir kochen sie mit Zucker ein, warten mehrere Tage, kochen erneut und lassen sie dann trocknen. Sie verleihen Kuchen und Likören ein besonderes Aroma. Blätter und Schößlinge geben wir zu Salaten oder Suppen oder kochen sie zusammen mit anderem Gemüse.

Die Wurzeln finden in der Volksmedizin und der Parfümindustrie Verwendung. Die wilde Waldengelwurz ist ungenießbar, weil ihre violetten Stengel hart sind und bitter schmecken.

SCHMALBLÄTTRIGES WEIDENRÖSCHEN

Frühjahr und Sommer *Chamaenerion angustifolium*

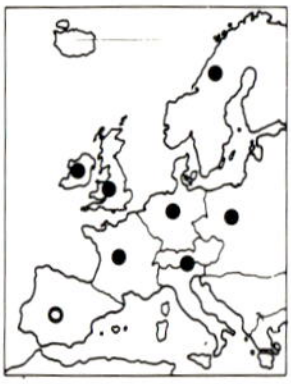

Ausdauernde Pflanze mit ausgebreiteten Wurzeln, denen die aufrechten beblätterten Sprosse entspringen. Höhe 20 bis 120 cm. Blätter lang und schmal, dunkelgrün, nach oben gerichtet. Blüten rosa-purpurfarben, in einer großen lockeren Traube. Die Früchte öffnen sich an vier Nähten der Länge nach und entlassen zahlreiche winzige Samen mit Flughaaren.

Diese Weidenröschenart bildet oft große Bestände auf Waldlichtungen und gestörten Böden, besonders nach einem Brand. Ebenso auf Ödland, in Gärten, im Gebüsch und in felsigen Lebensräumen.

Wir ernten die jungen Schößlinge im Frühjahr und kochen sie wie Spargel oder verwenden sie in der Suppe. Im Sommer schneiden wir die zarten Blätter und die Blütenknospen in Salate. Junge Blätter lassen sich auch wie Spinat zubereiten. Ältere Blätter trocknen wir und bereiten daraus einen Tee.

Die übrigen Weidenröschenarten sind ungenießbar.

WILDE MALVE

Malva sylvestris

Sommer

1

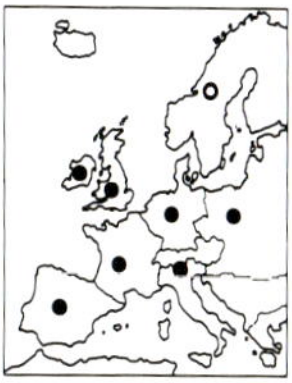

Ausdauernde Pflanze, 40 bis 100 cm hoch, Stengel verzweigt, behaart, Blätter gelappt, langgestielt, eine grundständige Rosette bildend, auch Stengel beblättert. Blüten rosa, purpurfarben oder lila, dunkel geadert, den Blattachseln entspringend. Früchte behaart, von den Kelchblättern umschlossen.

Auf Ödland und an Straßenrandern. In ganz Europa verbreitet.

Die jungen Blätter verwenden wir in Suppen. Die noch grünen Früchte verleihen Salaten ein besonderes Aroma. Das Kochwasser der Wurzeln oder der Blätter ersetzt in den Meringuen das Eiweiß. Wir können die Blütenknospen auch in Essig einlegen.

Der Echte Eibisch *Althaea officinalis,* (1) hat ebenfalls hellrosafarbene Blüten und wächst auf Salzböden. Eine berühmte ägyptische Suppe wird aus einem solchen Malvengewächs hergestellt.

GEMEINE BEINWELL

Frühjahr, Frühsommer *Symphytum officinale*

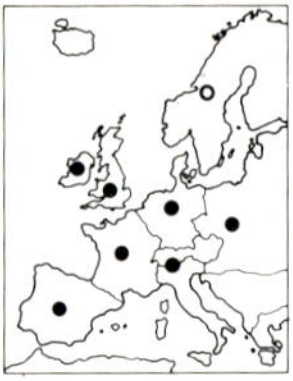

Ausdauernde Pflanze, 30 bis 120 cm hoch, mit zahlreichen beblätterten Stengeln. Blätter ziemlich widerstandsfähig, stark behaart, breit lanzettlich. Der Blattstiel der oberen Blätter zieht am Stengel herunter. Blüten zu hängenden Blütenständen angeordnet, die an langen Stielen in den Blattwinkeln stehen. Blüten weiß, gelblich, rosafarben oder purpur.

Auf feuchten Wiesen, feuchten Wäldern und an Gewässerufern. In ganz Europa verbreitet, dabei im Süden häufiger als im Norden.

Wir dünsten die jungen Schößlinge leicht und essen sie wie Spargel als Salat. Die jungen Blätter werden als Gemüse gekocht und würzen Suppen und Ragouts. Man kann die Blätter auch in einen flüssigen Tropfteig tauchen und dann ausbacken. Die getrockneten Blätter ergeben einen Heiltee.

Der Beinwell wird auch als Heilpflanze verwendet.

KLEBKRAUT

Galium aparine **Frühjahr und Sommer**

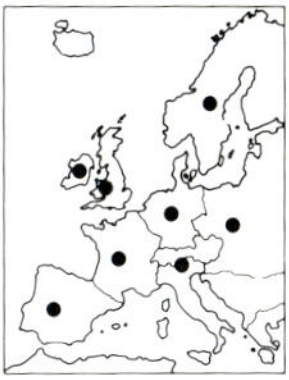

1

Einjährige Pflanze mit schlaffen, 15 bis 120 cm langen Stengeln, die sich an der umgebenden Vegetation festhaken. Stengel im Querschnitt vierekkig, mit hakenförmigen Haaren besetzt, Blätter ebenso behaart, zu sechst bis zu acht in einem Wirtel angeordnet. Blüten winzig, weißlich, röhrenförmig, in den Winkeln der oberen Blätter stehend, Früchte rundlich.

Auf Ödland, in Hecken, Wäldern, an Geröllstränden und in Gärten. In ganz Europa verbreitet.

Wir kochen die jungen Frühjahrstriebe im Wasserdampf oder in wenig Wasser und servieren sie mit Butter oder zusammen mit Spargel.
Im Sommer ersetzen die winzigen behaarten Früchte den Kaffee: Sie müssen langsam rösten, werden dann gemahlen und müssen in Wasser aufgekocht werden. Vor dem Servieren filtrieren.

Der Waldmeister *(Galium odoratum,* (1)) bildet in lichten Wäldern im Frühjahr einen richtigen Rasen. Seine Triebe werden als Gemüse gegessen oder verleihen Wein, Apfelmost oder einer Bowle ein typisches Aroma.

BACHBUNGE

Frühjahrsbeginn *Veronica beccabunga*

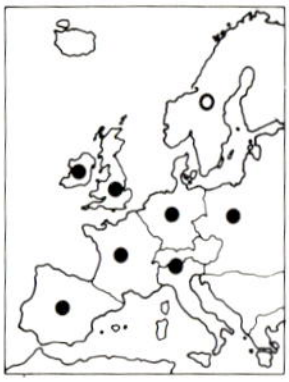

Ausdauernde Pflanze mit niederlangen, fleischigen und innen hohlen Stengeln, bis 60 cm lang. Die Stengelenden aufrecht, mit Blütenständen. Blätter oval, glänzend, gegenständig. Blüten hellblau, in langgestielten Trauben, in den Blattachseln sitzend. Jede Blüte mit vier Kronblättern und zwei Staubblättern. Kapselfrüchte.

In Bächen, Kanälen und Gräben und auf feuchten Wiesen. Die niederliegenden Stengel wachsen im Wasser. In ganz Europa verbreitet.

Wir sammeln die jungen Schößlinge vor der Blütezeit und verwenden sie wie die Brunnenkresse als Beigabe zu Salaten. Die Bachbunge schmeckt leicht bitter. Wir können die Blätter und die Schößlinge auch kochen und als Gemüse servieren, doch zeigen sie dabei einen leicht bitteren Geschmack.

Die Bachbunge wächst oft zusammen mit der Echten Brunnenkresse; beide Pflanzen können gemeinsam gepflückt und verwendet werden. Die Brunnenkresse erkennen wir sofort an ihren weißen Blüten.

GEMEINER FELDSALAT

Valerianella locusta **Frühjahr und Herbst**

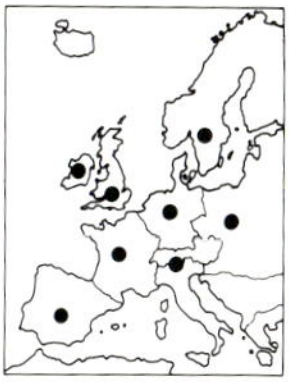

Eine schlanke Pflanze, die im Herbst kleine Blattrosetten, im Frühjahr die Blütenstengel ausbildet. Diese erreichen eine Höhe von ungefähr 30 cm. Stengel zerbrechlich und stark verzweigt, mit länglichen, gegenständigen Blättern und kleinen, in dichten Blütenständen angeordneten hell-lilafarbenen Blüten.

In Gärten, auf Brachland, auf Felsen und Mauern, zieht im allgemeinen trocknen Boden vor. In ganz Europa verbreitet, im Norden jedoch selten.

Wir sammeln die grünständigen Blätter im Herbst und die neuen Blätter im Frühjahr. Sie schmecken sehr gut als Salat; wir können sie auch wie Spinat kochen. Zusammen mit Kerbel ergeben sie eine gute Suppe. Der Feldsalat wird auch angebaut und liefert den ganzen Winter über Blätter.

Es gibt in Europa noch weitere Arten des Feldsalats. Auch ihre Blätter sind eßbar, schmecken aber nicht so gut wie die des Gemeinen Feldsalats.

GEMEINE KRATZDISTEL

Frühjahr und Herbst *Cirsium vulgare*

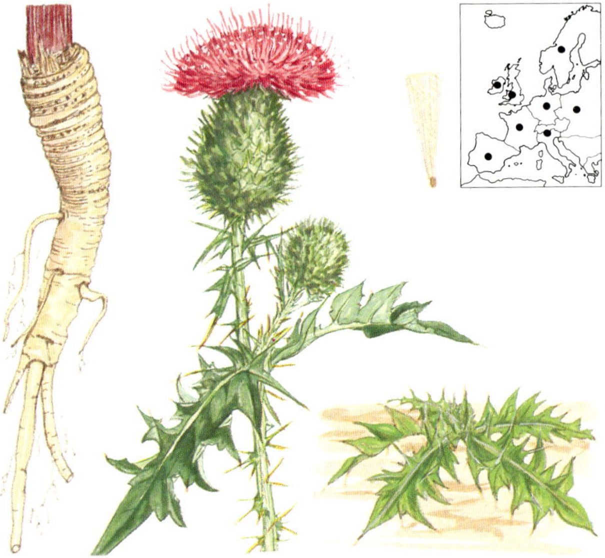

Zweijährige Pflanze, die im ersten Jahr eine Rosette aus stark eingeschnittenen, am Rand stacheligen Blättern entwickelt. Im zweiten Jahr bildet sie einen ebenso stacheligen Stengel mit gelappten, stacheligen Blättern und einer Höhe von 15 bis 30 cm. Blütenkörbchen an der Basis länglich rundlich, Blüten hell-purpurrot, Samen leicht mit Flughaaren.

Auf Ödland und Brachland, in Gärten, an Straßenrändern, auf Feldern und Wiesen. In ganz Europa verbreitet, im Norden bis zum Polarkreis.

Wir schneiden jungen Schößlingen die Stacheln weg und verwenden sie roh in Salaten oder kochen sie wie ein Gemüse. Die jungen geschälten Stengel essen wir roh oder gekocht. Die ein Jahr alten Pfahlwurzeln werden geschält, dann gekocht und anschließend gebraten. Man kann aus ihnen auch ein Mehl herstellen.

Auch viele andere Distelarten können auf dieselbe Weise in der Küche Anwendung finden, zum Beispiel die Wegdistel, die an Wegrändern häufig auftritt.

GEMEINE WEGWARTE

Cichorium intybus **Herbst bis Frühjahr**

Ausdauernde Pflanze mit großer Pfahlwurzel und zahlreichen verzweigten harten Stengeln, 30 bis 120 cm hoch, oft grob behaart. Untere Blätter länglich und stark eingekerbt, obere einfacher lanzettförmig. Blütenkörbchen lebhaft blau, in den Achseln der oberen Blätter stehend, am Morgen geöffnet.

An Straßenrändern, auf Schuttplätzen, Feldern und Brachland. In ganz Europa verbreitet, im Norden bis nach Mittelskandinavien.

Die grundständigen Blätter müssen zu Beginn des Frühjahrs gepflückt werden, da sie schnell Bitterstoffe entwickeln. Wir können sie dünsten und mit Butter als Gemüse servieren. Die Wurzeln bereiten wir wie ein Gemüse zu. Wir können sie auch trocknen, rösten und dann mahlen; auf diese Weise bilden sie einen Kaffee-Ersatz (Zichorienkaffee).

Die grundständigen Blätter des Löwenzahns kann man auf dieselbe Weise verwenden. Die Wurzeln verarbeitet man zu Gemüse oder zu Kaffee-Ersatz.

GEMEINER HUFLATTICH

Frühjahr *Tussilago farfara*

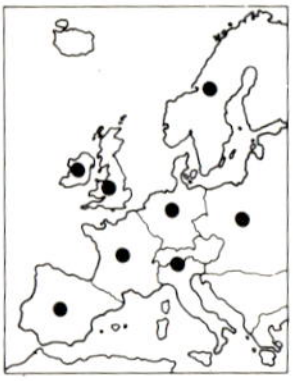

Ausdauernde Pflanze mit unterirdischen, weißen, schuppigen Wurzelstökken; ihnen entspringt eine Blattrosette. Blätter herzförmig, langgestielt, Blattrand gelappt, Durchmesser der Blattspreite bis 30 cm. Blütenstengel aufrecht, mit schuppigen, purpurfarbenen Blättern, 20 bis 30 cm hoch, vor den Blättern erscheinend, am oberen Ende mit gelben Blütenkörbchen.

Ödland, Straßenränder, Brachland, Flußufer, Schotterbänke, Dünen. Auf bebautem Land oft als Unkraut angesehen. In ganz Europa verbreitet.

Die jungen Blätter und Blütenknospen können wir zu Salaten geben, denen sie einen besonderen Geschmack verleihen. Man kann sie auch wie Spinat kochen und zum Würzen von Suppen verwenden. Aus den Blüten stellt man einen Wein her – ähnlich wie bei der Kuhblume.

Der Huflattich ist ein altes Heilmittel gegen Erkältungen und Husten. Seine Wirkstoffe sind in vielen Hustenbonbons enthalten, haben gelegentlich aber auch Nebenwirkungen.

GEMEINE KUHBLUME

Taraxacum officinale **Das ganze Jahr**

Kleine Pflanze, 5 bis 30 cm hoch, besonders in sandigen Gebieten mit langer Pfahlwurzel, Blätter sehr variabel, ganzrandig oder stark eingeschnitten. Alle Teile der Pflanze enthalten einen Milchsaft. Blütenkörbchen einzeln stehend, lebhaft gelb, auf langen hohlen Blütenstengeln sitzend, diese unbeblättert. Trockene Früchte mit „Fallschirm".

Ein überall in Rasen und Wiesen verbreitetes Unkraut, an Straßen- und Wegrändern sowie auf Ödland. In ganz Europa verbreitet.

Die jungen Blätter und die weißliche Basis der übrigen Blätter können als Salat oder als Gemüse gegessen werden. Aus den Blüten stellt man einen Wein her. Wir ernten die Wurzeln im Winter, schälen und kochen sie und servieren sie mit Butter. Man kann sie auch zwei Tage lang trocknen, dann rösten und mahlen. Auf diese Weise erhalten wir einen Kaffee-Ersatz.

Die Blätter der Gemeinen Wegwarte und der oberste Teil der Wurzel können auf dieselbe Weise verwendet werden. Auch die Gemeine Wegwarte ergibt einen bekannten Kaffee-Ersatz (Zichorienkaffee).

SPARGEL
Frühjahr *Asparagus officinalis*

Ausdauernde Pflanze mit unterirdischen Trieben, denen aufrechte Sprosse entspringen. Zunächst sind sie bleich und fleischig, strecken sich dann bis auf 1,80 m Länge, sind verzweigt und wirken im Sommer wie fedrige Gebilde. Die Blätter sehen Nadeln ähnlich. Blüten klein, glockenförmig, grünlich gelb, am oberen Teil der Stengel hängend. Beeren rund und rot.

Auf Ödland, in Hecken und auf Dünen. In einem großen Teil Europas südlich von Dänemark verbreitet. Das Hauptverbreitungsgebiet liegt jedoch in Südeuropa. In gemäßigten Gebieten angebaut.

Nur die jungen Trieben sind eßbar; die älteren sind giftig, ebenso alle Gartensorten. Man bindet die Stangen zusammen und kocht sie ungefähr 15 Minuten lang in Wasser und serviert sie dann mit zerlassener Butter. Man verwendet die Triebe auch in Suppen oder Salaten.

Die übrigen europäischen Wildspargelarten werden auch gegessen, erreichen aber nicht den Wohlgeschmack dieser Art.

BREITBLÄTTRIGER ROHRKOLBEN

Typha latifolia **Das ganze Jahr über**

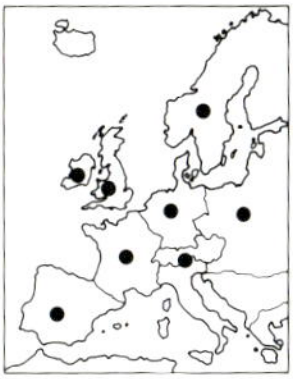

Die bis 3 m hohen linealischen Blattbüschel entspringen kriechenden Wurzelstöcken. Die Blätter sind an der Basis stengelumfassend. Die Blüten bilden dichte zylindrische Kolben an langen Stengeln, wobei die gelben männlichen Blüten oben und die schwarz-braunen weiblichen Blüten unten stehen. Frucht dunkelbraun, lang zylinderförmig, Samen wollig.

In seichten Gewässern, an Seeufern und Kanälen, an träge fließenden Flüssen und Gräben. In ganz Europa verbreitet.

Die Blattknospen und die jungen Sprößlinge werden roh oder gekocht wie Spargel gegessen. Auch das Herz der jungen Blätter wird gekocht. Die weiblichen Blüten bereitet man wie junge Maiskolben zu. Der reife Blütenstaub und gemahlene Wurzelstöcke können das Mehl ersetzen.

Der Schmalblättrige Rohrkolben wird auf dieselbe Weise verwendet. Rohrkolbenarten sind in Deutschland geschützt. Der Kalmus, ein Aronstabgewächs, ist giftig. Man erkennt ihn an den fleischigen Beeren.

BORRETSCH

Sommer

Borago officinalis

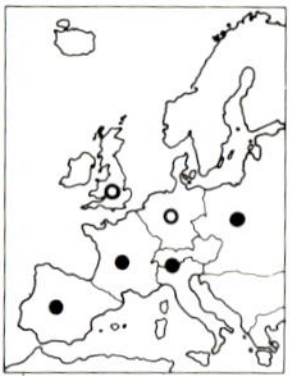

Einjährige Pflanze, 30 bis 60 cm hoch, steif rauh behaart, Stengel kräftig, verzweigt, Blätter groß, oval, wechselständig. Blüten auffallend blau mit hervortretenden purpurfarbenen Staubbeuteln. Die lockeren Blütenstände stehen an langen Stielen in den Achseln der oberen Blätter.

Die Heimat der Art liegt im Mittelmeergebiet. Als Gartenpflanze ist sie überall eingebürgert, auch in Großbritannien. Bei uns vor allem in Gartengebieten und auf Ödland.

Die jungen frischen Blätter enthalten viel Vitamin C und riechen deutlich nach Gurken; man kann sie Salaten beimischen. Gekocht werden sie als Gemüse gegessen. Wir legen die Blätter und die Blüten in Wein oder in Fruchtsäfte und erhalten im Sommer ein erfrischendes Getränk.

Wie der lateinische Name sagt, ist der Borretsch auch eine Heilpflanze.

KLEINER WIESENKNOPF

Sanguisorba minor **Frühjahr und Frühsommer**

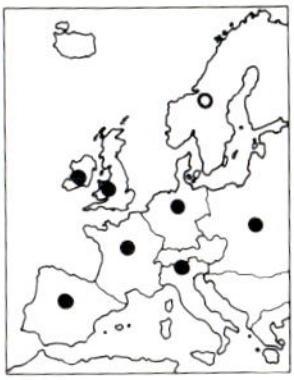

Ausdauernde Pflanze, die einen Gurkenduft verströmt, wenn man sie zerreibt. Blätter in grundständiger Rosette, gefiedert. Stengel verzweigt, auf recht, 40 cm hoch mit unpaarig gefiederten Blättern und am Ende purpurfarben überlaufenden kugeligen Blütenständen. Obere Blüten weiblich, untere männlich mit langen heraushängenden Staubgefäßen.

Auf Wiesen und Kalkböden. In einem großen Teil Europas verbreitet, im Norden fehlend, in Schottland selten.

Die jungen Blätter und Schößlinge pflücken wir vor der Büte und aromatisieren damit Salate. Wir bekommen ein erfrischendes Sommergetränk, wenn wir mehrere Blätter mit Zucker und einer Zitronenscheibe in Weißwein geben und diese mit sprudelndem Mineralwasser versetzen.

Der Große Wiesenknopf sieht ähnlich aus, wächst aber vor allem auf feuchten Wiesen. Seine jungen Blätter und Schößlinge schmecken gut in Salaten.

WASSERMINZE

Sommer *Mentha aquatica*

Ausdauernde Pflanze mit starkem Minzgeruch. Zahlreiche, im Querschnitt viereckige Stengel, aufrecht, 15 bis 90 cm hoch, Blätter oval, behaart, langgestielt. Blüten klein, röhrenförmig, rosa bis lila, in dichten Wirteln in den Achseln der oberen Blätter stehend und eine dichte Traube bildend. Jede Blüte mit vier Kronzipfeln und vier Staubblättern.

In Feuchtgebieten und an Flußufern. In ganz Europa verbreitet.

Die jungen Blätter oben an den Stengeln sind die besten. Wir hacken sie und geben sie zu Salaten oder fügen sie wie kleine Erbsen zum Gemüse hinzu. Schwarzem Tee verleihen sie einen Minzengeruch. Einen Heiltee erhält man, wenn man getrocknete Blätter mit kochendem Wasser übergießt und ziehen läßt.

Die Grüne Minze *(Mentha spicata,* (1)) wächst oft an feuchten Straßenrändern und auf Ödland. Sie ist bei uns eingebürgert. Man verwendet sie wie die Wasserminze; Geschmack und Geruch unterscheiden sich etwas.

MELISSE
Sommer

Melissa officinalis

Ausdauernde, mehr oder minder stark behaarte Pflanze, die einen Zitronenduft verströmt und ganze Teppiche bildet. Blütenstengel verzweigt, aufrecht, 30 bis 60 cm hoch. Sie tragen ovale, gegenständige, am Rand gezähnte Blätter und Wirtel aus weißen oder rosafarbenen Blüten, diese mit einer Lippe, den Achseln der oberen Blätter entspringend.

In Hecken, Weinbergen und lichten Wäldern im Mittelmeergebiet und in Südosteuropa. Eingeführt und kultiviert in südenglischen und mitteleuropäischen Gärten, daraus oft verwildert.

Die jungen Blätter mit ihrem Zitronenduft aromatisieren Salate, englische Cremes, Suppen und Saucen. Man kann auch dem Schwarztee ein Zitronenaroma verleihen. Melissentee selbst wirkt beruhigend.

Die Melisse ist auch eine bekannte Heilpflanze. Man aromatisiert damit auch Liköre und verwendet ihre duftenden Essenzen in der Parfümerie. Als Badezusatz wirkt sie beruhigend.

FRÜHBLÜHENDER THYMIAN

Spätsommer *Thymus praecox*

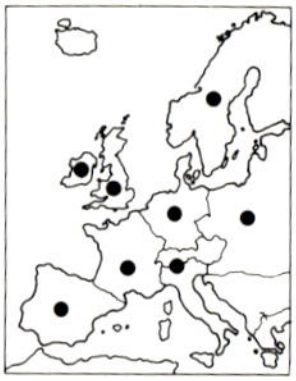

Leicht aromatische, ausdauernde Pflanze, die ungefähr 5 cm hohe Rasen bildet. Stengel zahlreich, niederliegend und sich bewurzelnd, im Querschnitt viereckig, mit kleinen elliptschen Blättern bedeckt. Die Blüten wachsen in köpfchenähnlichen Blütenständen am Ende aufrechter Blütenstengel. Blüte rosa bis purpurfarben, röhrenförmig, mit vier Kronzipfeln.

Auf Trockenrasen, Hochebenen und kreidigen Böden, in Heiden, in felsigem Gelände und auf Dünen. In ganz Europa verbreitet.

Wir verwenden diese aromatische Pflanze als Gewürz für Braten, zum Beispiel vom Lamm, vom Kalb oder für Geflügel. Sie verleiht auch Omeletts ein feines Aroma. Zusammen mit Petersilie würzt man damit Fleischfüllungen, Butter und Essig.

Der Gartenthymian (*Thymus vulgaris*, 1) wird größer und ist auch bekannter. Sein Aroma wirkt noch stärker. Die beiden nahverwandten Arten werden auch als Heilpflanze verwendet.

ORIGANUM

Origanum vulgare

Spätsommer

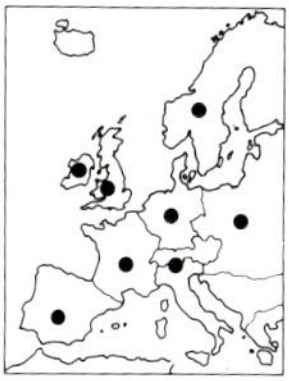

Aromatische, ausdauernde, behaarte Pflanze, 30 bis 80 cm hoch. Stengel zahlreich, aufrecht, im Querschnitt viereckig, Blätter oval, gegenständig. Die dichten Blütenstände stehen am Ende der Stengel oder entspringen Blattachseln. Blüten rosa-purpurfarben, zweilippig. Hochblätter purpurfarben.

In Trockenrasen, ungedüngten Wiesen, auf Kalkhügeln, in niederer mediterraner Vegetation, im allgemeinen nur auf Kalkböden. In ganz Europa verbreitet.

Mit getrockneten, zerriebenen Blättern und Blüten verbessern wir Saucen, Ragouts, Pasteten und Pizza. Im Sommer kann man auch frische Blätter dafür verwenden. Wir können sie auch hacken und zum Salat geben. Ein Tee aus Origanumblättern wirkt beruhigend.

Der Majoran wächst wild im Mittelmeergebiet, wo er auch in großem Maße angebaut wird. Er weist einen stärkeren Duft als der Origanum auf, findet aber die gleiche Verwendung.

ECHTER SALBEI

Sommer *Salvia officinalis*

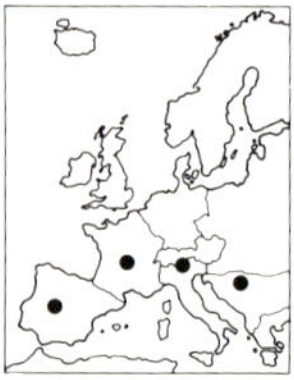

Ein kleiner aromatisch riechender Strauch, 30 bis 80 cm hoch, an der Basis verholzt, Stengel im Querschnitt viereckig, Blätter stark behaart, gegenständig, grau erscheinend. Blüten groß, zweilippig, blauviolett, an langen Stengeln in den Achseln der oberen Blätter wirtelig angeordnet.

Auf Trockenrasen und an Abhängen auf Kalkböden des Mittelmeergebiets. In Frankreich, Deutschland und England kultiviert und verwildert. Oft in der Nähe von Gärten anzutreffen.

Salbeiblätter verleihen zusammen mit Zwiebeln Füllungen und Saucen für Schweine- und Geflügelfleisch einen besonderen Geschmack. Die Blätter werden im allgemeinen getrocknet, lassen sich aber in Salaten auch frisch verwenden. Man kann mit ihnen auch Käse und Wein aromatisieren. Den Salbeitee stellt man aus getrockneten Blättern her.

Das Sommerbohnenkraut kommt in denselben Lebensräumen vor. Mit den getrockneten Blättern würzt man Fleisch, Fisch, Geflügel und vor allem Bohnen.

ROSMARIN

Rosmarinus officialis

Sommer

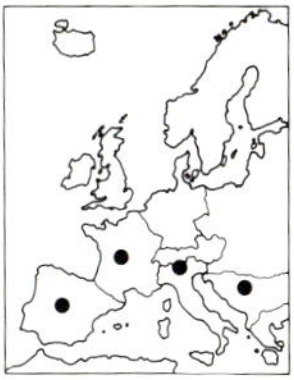

Aromatisch riechender Strauch mit immergrünem Laub, 1 bis 3 m hoch, Stengel zahlreich, verholzt, verzweigt, Blätter schmal, ledrig, gegenständig, oben dunkelgrün, unten weißlich, Rand nach unten eingerollt. Zweilippig, lila oder hellblau, in kleinen Blütenständen in den Achseln der oberen Blätter wachsend.

Im Mittelmeergebiet beheimatet, liebt trockene Hügel und Felsgebiete mit niederer Vegetation. In anderen Gebieten Europas oft in Gärten angebaut.

Frische oder getrocknete Blätter verwenden wir als Würze für Fische, Fleisch, Geflügel, Saucen, Ragouts und Omeletts. Man verwendet den Rosmarin oft zusammen mit anderen Gewürzkräutern aus dem Mittelmeergebiet, etwa dem Salbei, dem Thymian und dem Origanum.

Der Rosmarin dient auch als Heilpflanze. Man aromatisiert mit ihm Liköre, und sein Öl wird auch in der Parfümerie verwendet.

PETERSILIE

Sommer *Petroselinum crispum*

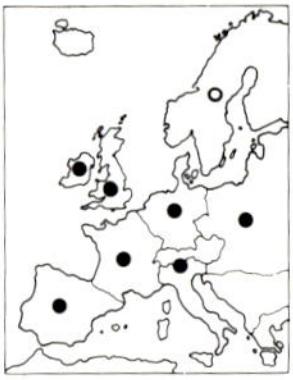

Unbehaarte, aufrechte, ausdauernde Pflanze, 30 bis 70 cm hoch, mit ausgeprägtem Duft. Blätter gefiedert, glänzend, Blättchen dreieckig, bei den Kultursorten oft fein zerschlitzt. Blüten klein, weiß bis gelblich, in zusammengesetzen Dolden zu acht bis fünfzehn Döldchen stehend. Früchte oval, gestreift.

Die Art stammt wahrscheinlich aus Südeuropa und wird heute überall angebaut, was natürlich zur Verwilderung führt. Auf Ödland, in felsigen Gebieten und auf Mauern wachsend.

Die Petersilie enthält viel Vitamin C. Mit den Blättern würzt man Suppen, Fleischgerichte und Saucen. Die Petersiliensauce schmeckt besonders zu Fisch. Mit gehackten Blättern garniert man auch oft Vorspeisen und andere Gerichte.

Es ist besser, die Petersilie im eigenen Garten anzubauen, als sie in der Natur zu pflücken, denn es ist eine Verwechslung mit dem ähnlichen, aber giftigen Gefleckten Schierling möglich.

ECHTER FENCHEL

Foeniculum vulgare

Frühsommer

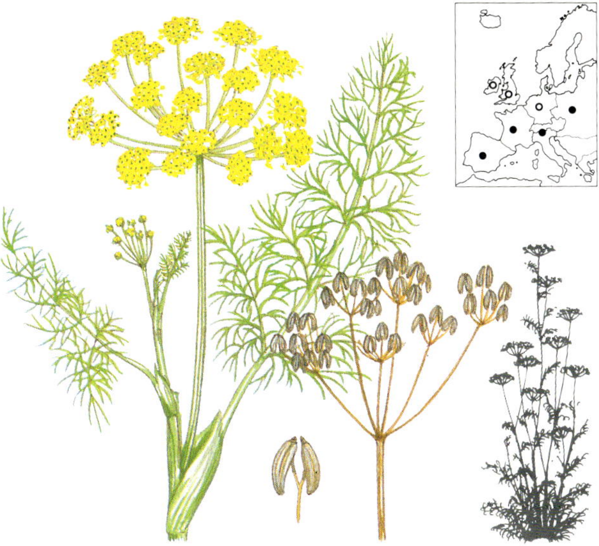

Kräftige, ausdauernde Pflanze mit Anisgeruch, Stengel aufrecht, 60 bis 130 cm hoch, Blätter graublau, fedrig. Die gerieften Stengel sind in der Jugend voll und im Alter hohl. Blüten gelb, in endständigen zusammengesetzten Dolden, bestehend aus 10 bis 30 Döldchen. Früchte oval.

Der Echte Fenchel stammt aus dem Mittelmeergebiet, wird aber auch anderswo angebaut. Verwildert findet man ihn auf Ödland, an Straßenrändern, in brachliegenden Gebieten und am Meeresstrand.

Mit den feingehackten Blättern und Stengeln würzen wir Salate und Saucen für fette Fische. Die verbreitete Blattbasis läßt sich wie ein Gemüse zubereiten. Die Samen verleihen Likören einen leichten Anisgeschmack. Man kann sie auch als Heilmittel gegen übermäßige Blähungen kauen.

Der Fenchel ist krampflösend und dient auch als Heilpflanze gegen Darmstörungen sowie als hustenstillendes Mittel. Der Dill sieht ähnlich aus, ist jedoch einjährig, hat hohle Stengel und flachgedrückte Früchte.

SCHNITTLAUCH
Frühjahr und Sommer *Allium schoenoprasum*

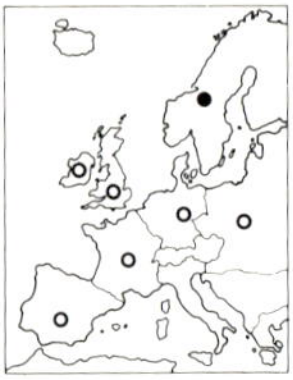

Ausdauernde Pflanze, Blätter büschelweise kleinen Zwiebeln entspringend. Blätter lang, zylindrisch, aufrecht, ungefähr 25 cm hoch, zugespitzt, an der Basis weitere Blätter wie eine Scheide umfassend. Blüten purpurfarben mit sechs Perigonblättern, dichte Dolden am oberen Ende hoher Blütenstengel bildend, diese unbeblättert.

Auf feuchten Wiesen und auf feuchtem felsigem Gelände, oft auf Kalkboden. In einem großen Teil Europas verbreitet, im Süden eher im Gebirge. Sehr oft als Gewürzkraut angebaut.

Delikater Zwiebelduft zeichnet die Blätter aus. Wir pflücken sie vor der Blüte und hacken sie fein, um Salate damit zu würzen. Man gibt sie auch oft zu Weißkäse, Kartoffeln und Omeletts. In Suppen dient der Schnittlauch nicht nur als Garnitur; man kann ihn auch für sich als Gemüse essen.

Der Schnittlauch ist eine der zahlreichen Laucharten Europas. Zu ihnen gehört auch die Zwiebel, die aus Westasien stammt, seit dem Mittelalter aber überall in Europa angebaut wird.

BÄRLAUCH

Allium ursinum

Frühjahr

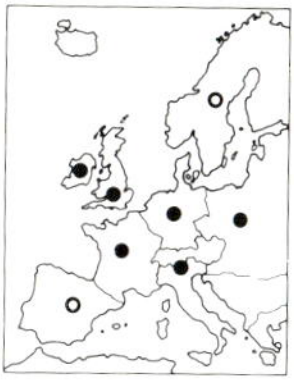

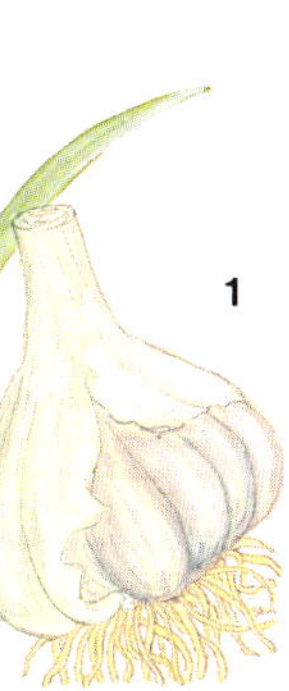

Weißen, schmalen, unterirdischen Zwiebeln entspringen große flache, elliptisch zugespitzte Blätter. Blüten weiß, einzelne Dolden auf unbeblätterten, im Querschnitt dreieckigen Stengeln stehend, 10 bis 45 cm hoch. Die Dolde der Blütenknospen ist vor dem Aufblühen von einem braunen papierartigen Hochblatt umgeben. Kapseln dreiklappig.

Feuchte, schattige Stellen in Wäldern. Der Bärlauch bildet oft große Kolonien und sättigt die Luft dort mit seinem charakteristischen Knoblauchduft. In ganz Europa verbreitet.

Die Blätter entwickeln sich vom Frühjahr bis zum Hochsommer. Gehackt verleihen sie Suppen, Ragouts und Saucen einen erstaunlich milden Knoblauchduft angesichts des Duftes, den die Pflanzen verströmen. Der Bärlauch kann in allen Rezepten den Knoblauch ersetzen.

Der Weinberglauch *(Allium vineale)* hat einen strengen Geschmack. Der Knoblauch *(Allium sativum,* 1) stammt aus Asien und wird fast überall in Europa angebaut.

WEITERE ESSBARE PFLANZEN

1

2

Gundermann *(Glechoma hederacea)* **(1)** Eine kriechende ausdauernde Pflanze mit aufgerichteten Blütenstengeln, bis 60 cm hoch. Blätter gegenständig, rundlich, am Rand gezähnt. Blüten purpurfarben, zweilippig, zu Wirteln in den Blattachseln angeordnet. Auf feuchten Wiesen, in Wäldern und Hekken. Im größten Teil Europas mit Ausnahme des äußersten Nordens verbreitet. Im Frühjahr essen wir die jungen Schößlinge und Blätter gekocht wie Spinat in Suppen. Aus den Blättern stellt man auch einen Tee her. Gundermannblätter können den Hopfen im Bier ersetzen.

Kubaspinat *(Montia perfoliata)* **(2)** Eine sukkulente einjährige Pflanze, bis 45 cm hoch. Grundständige Blätter langgestielt. Weitere längere Stiele tragen am Ende zwei scheibenförmig verwachsene Blätter, denen die weißen Blüten entspringen. Ödland und feuchtes Kulturland, vor allem auf Sandböden. Die Pflanze wurde von Nordamerika nach Westeuropa eingeführt. Man ißt die jungen Stengel und Blätter roh als Salat oder gekocht als Spinat. Die gekochten Wurzeln schmecken wie Wasserkastanien.

3

4

Rainkohl *(Lapsana communis)* **(3)** Einjährige Pflanze, Stengel aufrecht, 90 cm hoch, oben stark verzweigt, Verzweigungen am Ende mit zahlreichen hellgelben Blütenkörbchen, die bis zur Mitte des Nachmittags offenstehen. Untere Blätter eingebuchtet und eingeschnitten, der äußerste Teil der Blattspreite stark verlängert. Obere Blätter ganzrandig oder gezähnt. In ganz Europa an Straßenrändern, in Hecken und auf Ödland. Wir essen die Blätter als Salat oder gekocht wie Spinat und geben sie auch zu Suppen, gedünstetem Gemüse und Omeletts.

Kohl-Gänsedistel *(Sonchus oleraceus)* **(4)** Ausdauernde Pflanze mit zunächst niederliegenden, dann aufrechten, gerieften Stengeln, bis 1 m hoch. Blätter lanzettlich bis dreieckig, am Rande mit Zähnen, obere mit pfeilförmigen Lappen stengelumfassend. Zahlreiche goldgelbe Blütenkörbchen. Auf Öd- und Brachland, an Straßenrändern in ganz Europa. Die jungen Blätter verleihen Salaten einen besonderen Geschmack. Eine eventuelle bittere Note kann man durch ungefähr zweiminütiges Kochen in Wasser entfernen.

BLÜTEN UND KNOSPEN

Es gibt nicht sehr viele Pflanzen, von denen man nur Knospen verwendet. Viel häufiger kommt es vor, daß man Blätter, Wurzeln und Blüten gleichzeitig nutzen kann. Blüten und Knospen werden als Gemüse gegessen, wie es beim Blumenkohl und beim Broccoli der Fall ist. Man kann sie zu Salaten tun oder im Tropfteig ausbakken. Aus manchen gewinnt man auch Wein und andere Getränke, denn sie enthalten viel Nektar und Duftstoffe, die ein gutes Aroma entwickeln. Aus einigen Blüten stellt man durch Umhüllen mit Zucker Bonbons her, vor allem aus Rosenblättern und Veilchenblüten.

Abgesehen von den Pflanzen, die in diesem Kapitel genannt sind, kann man als Gemüse auch die Blüten folgender Pflanzen verwenden:
Echtes Barbenkraut (S. 33)
Ackersenf (S. 34)
Gemeiner Huflattich (S. 48)
Breitblättriger Rohrkoben (S. 51)
Schwarzer Holunder (S. 81)
Senfkohl (S. 97)

Zum Aromatisieren von Wein und anderen Getränken dienen:
Gemeiner Huflattich (S. 48)
Gemeine Kuhblume (S. 49)
Borretsch (S. 52)
Hundsrose (S. 73)
Eingriffeliger Weißdorn (S. 79)
Schwarzer Holunder (S. 81)

HOPFEN
Spätsommer

Humulus lupulus

Ausdauernde Schlingpflanze mit 3 bis 6 m langen Stengeln; sie rollt sich im Uhrzeigersinn um ihre Trägerpflanzen. Blätter handförmig eingeschnitten mit 3 bis 5 Lappen. Pflanze zweihäusig, d. h. die männlichen und weiblichen Blüten befinden sich auf verschiedenen Individuen. Die weiblichen Blüten ähneln gelbgrünen Zapfen mit papierartigen Hochblättern.

In Hecken und Sträuchern, an Waldrändern und in Auengebieten. Der Hopfen wird in gewissen Regionen Europas landwirtschaftlich angebaut. Verbreitung der Wildpflanze in ganz Europa.

Um Bier zu Hause zu brauen, kocht man Hopfen in Wasser, filtriert die Flüssigkeit und fügt Malz und Zucker und schließlich die Hefe hinzu. Nach der Gärung muß das Bier innerhalb von zwei Wochen getrunken werden. Die jungen Hopfensprossen und die Blätter werden als Salat oder wie Spargel als Gemüse gegessen.

Der Hopfen dient auch als Heilpflanze und wird zur Beruhigung und Schlafförderung eingesetzt.

WIESENKLEE

Sommer *Trifolium pratense*

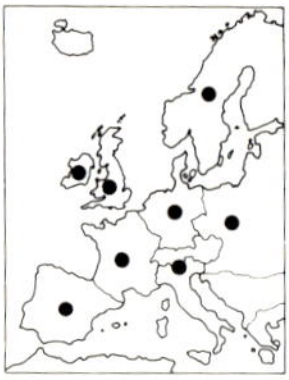

Ausdauernde Pflanze mit zahlreichen beblätterten Blütenstengeln, 10 – 30 cm hoch, Blätter dreizählig, Teilblättchen elliptisch, mit helleren Markierungen. Blüten klein, zu Köpfchen am Ende der Stengel vereinigt, rosa bis purpurfarben, sehr nektarreich. Die kleinen Hülsen sind hinter ausdauernden abgestorbenen Blüten verborgen.

Häufige Pflanze auf Wiesen, an Weg- und Straßenrändern und auf Weiden. In ganz Europa verbreitet. Der Wiesenklee wird oft als Futterpflanze und als Gründünger angebaut, weil er den Boden mit Stickstoff anreichert.

Die jungen Blätter und die Blüten werden frisch als Salat gegessen, in Suppen oder als Garnitur verwendet. Die Blätter lassen sich auch wie Spinat zubereiten. Die Blüten ergeben einen erfrischenden leichten Wein. Mit den getrockneten Blüten stellt man einen Tee her.

Die Blätter und Blüten des Weißklees *(Trifolium repens)* (1) verwendet man auf dieselbe Weise. Die Blüten sind weiß, die Stengel niederliegend. Auch die übrigen Kleearten sind eßbar.

BESENGINSTER

Sarathamnus scoparius

Frühjahr und Frühsommer

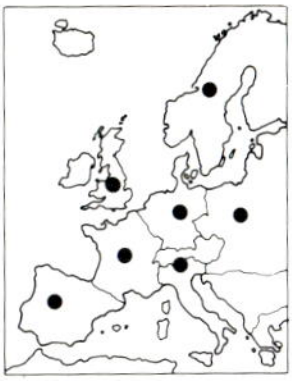

Kleiner Baum oder Strauch mit sommergrünen Blättern, bis 2 m hoch, Stengel stark verzweigt, hellgrün, im Querschnitt fünfkantig. Blätter klein, zahlreich, die unteren dreizählig mit ovalen Federblättchen. Blüten goldgelb, Schmetterlingsblüten, in den Blattachseln am Ende der Stengel stehend. Hülsen dunkel mit schwarzen Samen.

Auf saurem Boden in offenen Wäldern und Lichtungen, gern auf Sandboden zusammen mit dem Stechginster. In ganz Europa verbreitet.

Wir ernten die noch geschlossenen gelben Blüten im Frühjahr und essen sie frisch als Salat zusammen mit Champignons und Tomaten. Man kann sie auch in Essig einlegen und als Kapernersatz verwenden. Mit den geöffneten Blüten, Orangen und Zitronen kann man einen trockenen Fruchtwein herstellen.

Wir dürfen diese Art nicht mit weiteren, vor allem südlichen Ginsterarten verwechseln, weil es darunter auch giftige Arten gibt.

HOLLÄNDISCHE LINDE

Hochsommer *Tilia europaea*

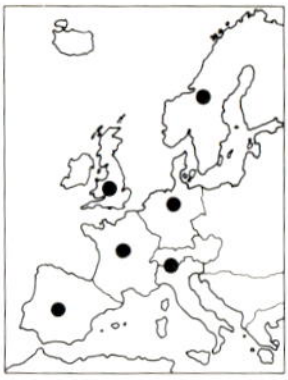

Ein großer Baum, der 30 m hoch wird. Blätter herzförmig, 6 bis 10 cm lang, vorne zugespitzt. Blüten weißlich gelb, zu kleinen Trugdolden vereinigt, hängend. Der Stiel der Trugdolde ist an einem häutigen Flugblatt befestigt. Blüten mit fünf Kron- und Kelchblättern und zahlreichen Staubgefäßen. Früchte ziemlich hart.

Es handelt sich bei dieser Art um einen Bastard zwischen den beiden einheimischen Arten, der Sommerlinde und der Winterlinde. Sie wird an Straßenrändern und in Parks gepflanzt, kommt aber auch in der Natur vor.

Die geöffneten Blüten verströmen einen intensiven Duft. Wir sammeln sie zusammen mit den Flugblättern und trocknen sie. Mit heißem Wasser übergossen, ergeben sie einen köstlichen beruhigenden Tee. Man kann die jungen Blätter auch roh essen. Lindenhonig gehört zu dem besten.

Die Blüten der beiden anderen Lindenarten kann man auf gleiche Weise verwenden.

RÖMISCHE KAMILLE

Chamaemelon nobile

Sommer

Aromatische, ausdauernde, behaarte Pflanze mit niederliegenden unterirdischen Sprossen und zahlreichen beblätterten, aufrechten Stengeln, 10 bis 30 cm hoch. Blätter stark zerschlitzt, leicht behaart. Blütenköpfchen auf langen Stengeln stehend. Die Röhrenblüten sind gelb, die Strahlenblüten weiß. Früchte abgeflacht, unbehaart.

Krautige Standorte, Ödland, Straßenränder, vor allem auf sandigem Boden. Verbreitet in Westeuropa bis nach Südbelgien, im sündlichen Großbritannien und in Irland. In Mitteleuropa angepflanzt.

Wir ernten die Blütenkörbchen, wenn die Strahlenblüten nach unten zu zeigen beginnen. Man verwendet sie frisch oder getrocknet. Aus dem Blütenkörbchen stellt man einen duftenden beruhigenden Tee her.

Die Blütenknospen der Gänseblümchen, die in Rasen häufig auftreten, sind ebenfalls eßbar. Man verwendet sie zusammen mit jungen Blättern in Salaten oder legt sie wie Kapern in Essig ein.

FRÜCHTE

Botanisch gesehen sind die Früchte jene Organe einer Pflanze, welche die Samen enthalten. Sie können sehr groß sein oder winzig, fleischig, süß und saftig oder hart und trocken, stachelig oder weich. Manche haben auch Vorrichtungen zum Schweben, häufig eine Art Fallschirm. Im normalen Sprachgebrauch ist das Wort „Frucht“ oder gar „Obst“ auf süße, saftige und fleischige Bildungen beschränkt. In dieses Kapitel wurden nur solche Früchte aufgenommen.

Früchte erscheinen vor allem im Spätsommer und im Herbst. Sie enthalten oft viel Zucker und Vitamine und ziehen Vögel, Insekten und andere Tiere an. Man kann sie roh essen, zur Herstellung von Saucen, Konfitüren oder Gelees verwenden, mit ihnen Torten und Kuchen garnieren. Aus dem Preßsaft von Früchten kann man köstliche Säfte oder Weine herstellen.

Abgesehen von den Pflanzen, die in diesem Kapitel genannt sind, kann man auch die Früchte der folgenden Arten verwenden:

Wilde Malve (S. 41)
Klebkraut (S. 43)
Heidewacholder (S. 96)

HUNDSROSE

Rosa canina

Sommer und Herbst

1 bis 4 m hoher Kletterstrauch mit dornigen, auf den Boden fallenden Stengeln und gefiederten Blättern. Jedes Blatt setzt sich aus fünf bis sieben Fiederblättchen und Nebenblättern zusammen. Blüten groß, duftend, rosafarben oder weiß, mit fünf Kronblättern und zahlreichen Staubgefäßen. Die Früchte sind oval, glänzend und glatt und heißen Hagebutten.

In Hecken, an Waldrändern, an Straßenrändern, in lichten Wäldern und im Gestrüpp. In ganz Europa verbreitet, im Norden bis nach Südskandinavien.

Aus den Hagebutten, die viel Vitamin C enthalten, stellt man einen Sirup, eine Marmelade oder Wein her. Vorzugsweise entfernt man dabei die Haare und Samen. In geringen Mengen kann man die Blütenblätter zu Salaten, Bonbons, Konfitüre und Wein hinzugeben. Aus den Laubblättern stellt man einen Tee her.

Aus den Kronblättern der alten Damaszenerrose können wir auch einen Sirup herstellen.

SCHWARZDORN

Herbst *Prunus spinosa*

Stacheliger dichter Strauch oder Baum, 1 bis 4 m hoch, Äste dunkelbraun. Blätter klein, oval, an kurzen Nebentrieben befestigt, die in einen Dorn auslaufen. Blüten weiß, einzeln stehend, vor den Blättern im Vorfrühling erscheinend. Beeren (Schlehen) mit hartem Kern, sauer, schwarzblau, weiß bereift.

In Hecken, in Wäldern, an Wegrändern und im Gestrüpp. In manchen Hecken und Knicks wurde der Schwarzdorn eigens angepflanzt. In ganz Europa verbreitet, im Norden bis Südskandinavien.

Aus den Früchten gewinnt man einen feinen Wein und einen Likör. Man erntet sie nach den ersten Frösten, sticht sie auf und legt sie dann für mehrere Monate mit Zucker in Gin ein. Aus den Schlehen kann man auch ein feines Gelee herstellen. Sogar in Saucen kann man sie verwenden.

Die Strauchweichsel, eine Sauerkirschen-Unterart, bringt gerade so saure Früchte hervor wie der Schwarzdorn. Man stellt aus ihnen Liköre und Gelee her, doch sie sind zu sauer, als daß man sie roh essen könnte.

SÜSSKIRSCHE

Prunus avium

Sommer

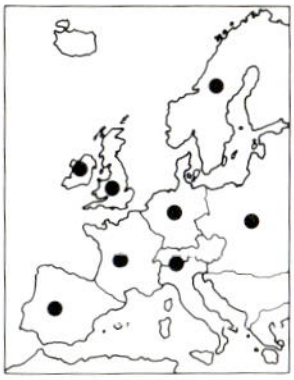

5 bis 25 m hoher Baum mit sommergrünen Blättern. Zahlreiche Wurzelschößlinge. Rinde rötlichbraun, schält sich in waagrechten Streifen ab. Blätter elliptisch, Rand gezähnt. Die weißen Blüten erscheinen vor den Blättern. Aus ihnen gehen die Süßkirschen hervor, die zunächst gelb, in der Reife dunkelrot erscheinen. Fruchtstiele lang, einzeln oder zu zweit.

In Wäldern und Hecken. In ganz Europa verbreitet, im Norden jedoch selten. Es gibt von dieser Art zahlreiche Zuchtsorten.

Oft ist es schwierig, Süßkirschen zu ernten, weil die Vögel sie noch vor der Reife fressen. Die wilden Süßkirschen sind saurer als die kultivierten Sorten. Man kann aus Süßkirschen auch Wein herstellen oder den Cherry Brandy: Cognac oder Weinbrand mit Zucker, Mandeln und Süßkirschen versetzen.

Die kultivierten Süßkirschen sind größer und süßer. Man ißt sie vor allem roh. Für die Herstellung von Kirschwein sind sie weniger geeignet.

GARTEN-BIRNBAUM

Herbst

Pyrus communis

Mittelgroßer Baum, 5 bis 15 m hoch, Rinde schuppig, tief rissig. Blätter abgerundet, vorne zugespitzt. Die kleinen, weißen Blütenstände erscheinen im Frühjahr, bevor sich die Blätter völlig geöffnet haben. Die Früchte sind kleine gelbliche oder bräunliche Birnen mit griesigem Fleisch.

In Wäldern und Hecken in ganz Europa verbreitet. Weniger häufig als verwilderte Kultursorten der Birne. Diese haben größere, stärker gelb gefärbte Früchte.

Die Früchte der echten wilden Holzbirne sind braun und hart. Man gewinnt aus ihnen ein Gelee. Die Früchte verwilderter Kultursorten können roh gegessen werden. Wir konservieren sie in Sirup, stellen aus ihnen einen Most her oder aromatisieren damit Liköre. Zur Konservierung kann man sie auch trocknen.

Es gibt keine Arten, mit denen man den Garten-Birnbaum verwechseln könnte.

HOLZAPFEL

Malus sylvestris

Herbst

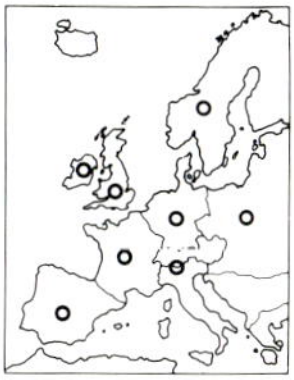

Mittelgroßer, bis 10 m hoher Baum, Rinde grau, Krone dicht, Blätter sommergrün. An den Zweigen befinden sich oft Dornen. Blätter gezähnt, elliptisch, vorne zugespitzt. Sie entfalten sich zur gleichen Zeit wie die weißen, rosa behauchten Blüten an ihren kurzen Nebentrieben. Früchte rund, mit zwei Einbuchtungen an jeder Seite, zunächst grün, im Herbst rot.

In Hecken, Wäldern und an Waldrändern. In ganz Europa verbreitet, im Norden bis nach Südskandinavien. Zahlreiche wildwachsende Apfelbäume sind verwilderte Kultursorten, die keine Dornen an den Ästen haben.

Die echten Holzäpfel sind zu hart und zu sauer, als daß man sie roh essen könnte. Man kann sie jedoch sehr gut konservieren oder zu Saucen verarbeiten. Ihr Geschmack paßt vor allem zu Schweinefleisch. Aus den Äpfeln gewinnt man auch ein hervorragendes Gelee, ferner den bekannten Apfelmost.

Die Kultursorten des Apfelbaumes verwendet man auf dieselbe Weise. Sie sind im allgemeinen jedoch größer und süßer als die Holzäpfel.

GEMEINE EBERESCHE

Herbst *Sorbus aucuparia*

Schlanker Baum, bis 20 m hoch, Rinde glatt, am Stamm grau. Blätter sommergrün, gefiedert, 10 bis 20 cm lang, aus 9 bis 19 gezähnten Fiederblättchen zusammengesetzt. Blüten klein, cremeweiß, zu dichten Trugdolden angeordnet, Blütenstiele wollig behaart. Die Früchte (Vogelbeeren) sind scharlachrote Beeren in dichten Trauben.

In trockenen Wäldern und felsigen Gebieten, im Gebirge oft oberhalb von 1000 Meter. In ganz Europa verbreitet. Die Eberesche wird auch sehr oft an Straßenrändern und in Parks angepflanzt.

Wir kochen die reifen Beeren, nachdem ein Frost über sie gegangen ist oder wir sie im Tiefkühlgerät haben einfrieren lassen. Man kann aus ihnen eine Konfitüre oder ein Gelee herstellen oder sie zu einer Sauce einkochen, die besonders gut zu Wildgerichten paßt. Auch in Torten lassen sie sich verwenden. Es gibt sogar einen Ebereschenwein.

Die Mehlbeere gehört zur selben Familie, sieht aber ganz anders aus, besonders im Frühjahr, wenn ihre ovalen Blätter weißlich gefärbt sind. Die Beeren verwendet man aber wie die der Eberesche.

EINGRIFFELIGER WEISSDORN

Crataegus monogyna **Frühjahr und Herbst**

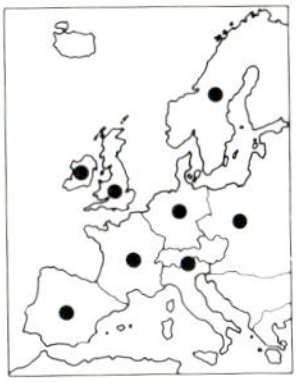

Stark verzweigter Strauch oder Baum, bis 10 m hoch. Äste mit zahlreichen geraden Dornen. Blätter sommergrün, tief eingeschnitten, mit 3 bis 7 dreieckigen Lappen. Blüten weiß, mit fünf Kronblättern, stark riechend, zu größeren Blütenständen vereinigt, im Spätfrühling erscheinend. Im Herbst folgen die ovalen dunkelroten Beeren.

In Hecken, Wäldern und Gestrüpp. In ganz Europa verbreitet.
Oft als Heckenstrauch angepflanzt.

Die jungen Blätter können wir roh essen. Man stellt aus ihnen auch einen Wein und einen angenehmen Lilör auf Cognacbasis her. Aus den Beeren gewinnt man eine gute Konfitüre oder Gelee. Einige sind so süß, daß man sie auch roh essen kann. Es gibt auch einen Weißdornwein.

Die Blüten, Blätter und Früchte des Zweigriffeligen Weißdorns *(Crataegus laevigata)* verwenden wir auf dieselbe Weise. Er ist allerdings sehr viel seltener.

BERBERITZE

Herbst *Berberis vulgaris*

Mittelgroßer Strauch, bis 3 m hoch, mit zahlreichen dreiteiligen Dornen an den gelblichen Ästen. Blätter sommergrün, oval, Rand fein gezähnt, gruppenweise Kurztrieben entspringend. Blüten gelb, zu dichten Blütenständen vereinigt. Beeren länglich, orangerot, im Spätsommer und Herbst erscheinend.

In Hecken und lichten Wäldern, auf Lichtungen und an Straßenrändern. Die Art ist ohne Zweifel auf dem europäische Festland heimisch und wurde nach Großbritannien, Irland und Skandinavien eingeführt.

Wir verwenden die reifen Beeren zur Herstellung von Konfitüren und Gelees, auch zusammen mit anderen pektinreichen Früchten. Man kann aus ihnen auch ein sehr gutes Getränk herstellen. Sie enthalten viel Vitamin C und schmecken am besten, wenn schon ein Frost über sie hinweggegangen ist.

Die Berberitze dient auch als Heilpflanze.

SCHWARZER HOLUNDER

Sambucus nigra **Frühsommer und Herbst**

Baum oder Strauch, bis 10 m hoch. Die äußeren Zweige sind weich und biegsam, die inneren aufrecht, steif und im Inneren hohl oder mit einem Mark gefüllt. Blätter dunkelgrün, aus 5 bis 9 lanzettlichen Teilblättchen zusammengesetzt. Blüten stark duftend, cremeweiß, große Dolden bildend. Im Herbst folgen große Trauben saftiger, schwarzer Beeren.

In Hecken, auf Ödland, an Wald- und Straßenrändern, gerne in der Nähe von Bauernhöfen, weil der Holunder stickstoffreichen Boden mag. In ganz Europa verbreitet.

Die Blüten legt man in einem Tropfteig und backt sie dann aus. Man stellt aus ihnen auch zusammen mit Zucker, Wasser und Zitronen den köstlichen Holundersekt her. Wir können die Blütenknospen auch in Essig einlegen und als Salatgewürz verwenden. Die Beeren verleihen Apfeltorten und Brombeerkonfitüren einen besonderen Pfiff.

Die grünen Teile der Pflanze sind giftig; ebenso sollte man die Blütenstiele vor der Verwendung entfernen. Aus den Beeren des Gemeinen Schneeballs stellt man ein gutes Gelee her.

ECHTE MISPEL

Winter *Mespilus germanica*

Gedrungener dorniger Strauch oder Baum, 2 bis 3 m hoch, Blätter lanzettlich. Die jungen Zweige, die Blätter und die Stiele sind von wolligen Haaren bedeckt. Blüten einzeln stehend, mit fünf weißen Kronblättern. Aus ihnen entwickeln sich braune Früchte, die an große Hagebutten erinnern. Sie sind zuerst hart und werden erst nach langsamer Reifung weicher.

An Waldrändern, in Hecken, oft als Zierpflanze angepflanzt. Die Mispel stammt aus Südeuropa und wurde nach Mitteleuropa eingeführt. Selten kommt sie auch im südlichen Großbritannien vor.

Im Mittelmeergebiet erntet man die Früchte und ißt sie roh. Weiter im Norden erreichen sie diesen Reifezustand erst nach den ersten Frösten oder wenn sie schon teigig sind. Man ißt sie dann mit Rahm und Zucker, als Gelee und kocht sie ganz im Ofen wie Äpfel.

Es gibt keine ähnlichen Arten.

SCHWARZER MAULBEERBAUM

Morus nigra

Spätsommer

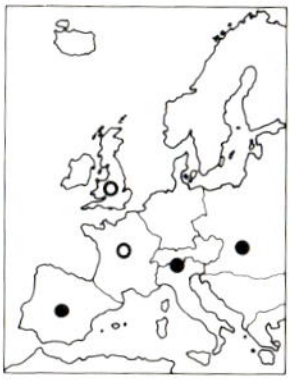

Oft krüpplig wachsender Baum, bis 15 m hoch, Rinde dunkelbraun mit zahlreichen Trieben und Vorsprüngen. Blätter groß, ledrig, oval oder herzförmig. Blüten klein und grün, die männlichen und die weiblichen in verschiedenen Blütenständen, aber auf demselben Individuum auftretend. Die Frucht ist eine zylindrische Sammelbeere.

Der Baum stammt aus dem Iran und wurde in Europa und Großbritannien eingeführt. Man kultivierte ihn wegen seiner Früchte und als Zierpflanze, gelegentlich auch wegen des Holzes.

Die frischen Beeren schmecken aromatisch süßsauer. Man kann aus ihnen eine Konfitüre oder Obstkuchen herstellen. Sie halten sich aber nicht lang. Man kann sie aber konservieren und einfrieren.

Der Weiße Maulbeerbaum wurde als Zierpflanze und als Nahrungslieferant für die Seidenraupen angebaut. Seine weißen Beeren kann man wie Weintrauben trocknen.

BROMBEERE

Spätsommer und Herbst *Rubus fruticosus*

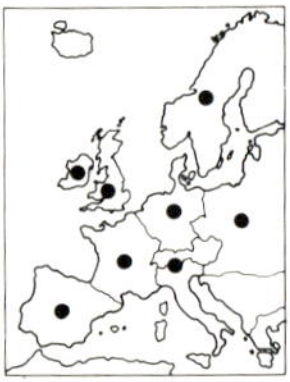

Kriechender Strauch, bis 1,50 m hoch, Zweige dornig, so gebogen, daß sie an den Spitzen auf den Boden reichen, wo sie Wurzeln ausbilden können. Blätter zusammengesetzt, mit drei bis fünf ovalen Teilblättchen, Rand gezähnt. Blüten weiß oder rosa, zu einer Traube angeordnet, fünf Kronblätter. Die Früchte sind saftige, zuckerhaltige Beeren.

An Wald- und Straßenrändern, in lichten Wäldern. Oft ein undurchdringliches Gestrüpp bildend. In ganz Europa verbreitet.

Die frischen Beeren schmecken köstlich mit Sahne und Zucker. Sie sind reich an Vitamin C und verbinden sich gut mit Äpfeln in Kuchen, Konfitüren oder Gelees. Auch Kompotten aus Herbstfrüchten verleihen sie einen besseren Geschmack. Man kann auch einen Brombeerwein herstellen. Aus trockenen Blättern stellt man einen guten Tee her.

Die Acker-Brombeere oder Kratzbeere hat feine Zweige mit schwachen Dornen und ebenso eßbare blaue, aber weiß bereifte Beeren. Auch diese Art findet man häufig an Ackerrändern und in Hecken.

HIMBEERE

Rubus idaeus

Sommer

Dorniger, niederliegender Strauch mit zahlreichen Wurzelschößlingen, bis 1,50 m hoch. Vereinzelte Haare auf den Zweigen, die oft weiß bestäubt erscheinen. Blätter zusammengesetzt, drei bis sieben Teilblättchen, hellgrün bis weißlich, unten behaart. Blüten weiß, kleine Blütenstände bildend. Rote Früchte, aus zahlreichen Einzelbeeren zusammengesetzt.

Auf Lichtungen und Heiden, an Wegrändern, vor allem im Hügelgebiet. An vielen Stellen angebaut. In ganz Europa mit Ausnahme Portugals verbreitet.

Reife Himbeeren schmecken vorzüglich mit Rahm und Zucker. Man stellt aus ihnen Konfitüren und Gelee, Sirup und auch einen Schnaps her. Kompotten aus Sommerfrüchten verleihen sie einen besonderen Pfiff. Mit den trockenen Blättern kann man einen wohlschmeckenden Tee herstellen.

Die Moltebeere kommt in Nordeuropa auf Hochmooren und in anderen Feuchtgebieten vor. Sie hat aufrechte Stengel, gelappte Blätter und einzeln stehende Beeren, die roh oder als Konfitüre vorzüglich schmecken.

SCHWARZE JOHANNISBEERE

Sommer *Ribes nigrum*

1

Kleiner Strauch, 1 bis 2 m hoch. Blätter sommergrün, groß, breiter als lang, stark riechend, mit drei bis fünf Lappen. Blüten grün, glockenblumenähnlich, in Trauben angeordnet, die den Blattachseln entspringen, niederhängend. Beeren rund, schwarz und saftig.

In Hecken und Wäldern. In einem großen Teil von Europa verbreitet. Zahlreiche Pflanzen darunter sind verwildert, doch findet man auch noch echte Wildpflanzen, vor allem an feuchten Stellen im Wald.

Die Schwarze Johannisbeere – auch Cassis genannt – ist eine der Vitamin-C-reichsten Früchte. Man stellt daraus Gelees, Konfitüren, Fruchtsäfte und Kuchen her. Sie macht sich auch gut in Fruchtsalaten. In Nordamerika stellt man aus ihr die berühmten Muffins her.

Die Roten Johannisbeeren *(Ribes rubrum* (1)) werden roh gegessen oder zu Gelee oder Johannisbeerwein verarbeitet. Den Blättern fehlt der Duft der Schwarzen Johannisbeere. Die meisten Exemplare sind verwildert.

STACHELBEERE

Ribes uva-crispa

Sommer

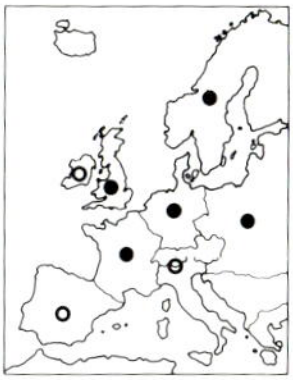

Kleiner, bis 1 m hoher Strauch. Zweige stark verzweigt, zahlreiche kurze Nebentriebe, Blätter breit, gelappt. An der Basis jedes Triebs stehen ein bis drei spitze Dornen und ein bis drei hängende Blüten, diese grün mit purpurfarbenem Hauch. Sie entwickeln sich zu glatten oder behaarten, saftreichen grünlichen bis rötlichen Früchten.

In Hecken und Wäldern, im allgemeinen auf feuchten Böden. Im größten Teil Europas verbreitet, oft angepflanzt.

Die unbehaarten Stachelbeeren sind seltener und können roh verzehrt werden. Die behaarten Beeren schmecken besser, wenn man sie kocht. Da sie ziemlich viel Säure enthalten, sollte man sie vollreif ernten. Man verarbeitet sie zu Konfitüren, Gelees, Stachelbeerkuchen und Wein.

Die Kultursorten haben größere Beeren; die Verwendung bleibt dieselbe.

WALDERDBEERE

Sommer *Fragaria vesca*

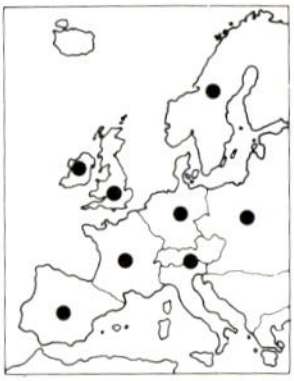

Kleine ausdauernde Pflanze mit langen Ausläufern, die sich an den Knoten bewurzeln und kleine Tochterpflanzen bilden. Blätter behaart, langgestielt, dreizählig, Rand gezähnt. Auf langen Stielen stehen bis fünf weiße Blüten, Kelchblätter verwachsen. Die Beeren bezeichnet der Botaniker als Sammelfrüchte.

An Waldrändern, offenen Wäldern und auf Waldlichtungen, vor allem auf basischem Boden. In ganz Europa verbreitet.

Die Walderdbeeren schmecken sehr aromatisch und sind teilweise sehr süß. Man kann sie roh mit Rahm und Zucker essen, Konfitüren herstellen und zu Zwecken verwenden, bei denen Erdbeeren gefordert sind. Aus den trockenen oder frischen Blättern gewinnt man durch fünfminütiges Überbrühen mit kochendem Wasser ein Getränk, das viel Vitamin C enthält.

Die Gartenerdbeeren sind größer und oft weniger süß. Sie sind übrigens nicht aus unserer Walderdbeere, sondern aus südamerikanischen Erdbeerarten hervorgegangen.

HEIDELBEERE

Vaccinium myrtillus

Sommer

1

30 bis 60 cm hoher Strauch mit niederliegenden unterirdischen Sprossen und aufrechten, verzweigten grünen Stengeln. Blätter sommergrün, wechselständig, oval, lebhaft grün. Blüten glockig, rosafarben, hängend, einzeln oder paarweise an den Blattachseln auftretend. Beeren rund, saftig, blauschwarz, hell bereift.

Auf Heiden und Waldlichtungen, in offenen Wäldern, auf saurem Boden. In ganz Europa verbreitet, im Süden überwiegend nur im Gebirge.

Die Heidelbeeren enthalten viel Vitamin C. Sie schmecken einzeln oder gemischt mit Himbeeren und Brombeeren köstlich mit Sahne und Zucker. Wir können mit ihnen auch Kuchen, Konfitüren und Gelees, sogar Heidelbeerwein herstellen. Im Tiefkühlgerät halten sie sich sehr gut. Aus den Blättern gewinnt man einen Tee.

Die Preiselbeere *(Vaccinium vitis-idaea* (1)) kommt vor allem in nordeuropäischen Heidegebieten vor. Die roten Beeren schmecken sauer und ergeben eine vorzügliche Marmelade, die vor allem zu Wild paßt.

NÜSSE UND SAMEN

Samen sind reich an Kohlenhydraten, Ölen und Proteinen, weil diese Nahrungsreserven von den jungen Keimlingen benötigt werden. Nüsse sind eine bestimmte Fruchtform. Man kann sie roh essen, zu einem Mehl verarbeiten oder pressen, damit Öl abfließt. Manche schmecken sowohl salzig als auch gezuckert gut. Wir verwenden sie in Kuchen und Torten, im Müsli und als Zusatz zu Salaten. Nüsse sind eine unentbehrliche Proteinquelle für Vegetarier.

Zahlreiche Pflanzen bringen eßbare Samen hervor. Kümmel und Mohn verwenden der Bäcker und der Konditor. Der Buchweizen ersetzt in manchen Gebieten das Getreide.

Abgesehen von den Arten, die in diesem Kapitel aufgeführt werden, bringen auch andere Pflanzen eßbare Samen hervor:

Gewöhnlicher Pastinak (S. 15)
Portulak (S. 21)
Weißer Gänsefuß (S. 22)
Feldkresse (S. 28)
Ackersenf (S. 34)
Echter Fenchel (S. 61)

WALNUSS

Juglans regia

Sommer und Herbst

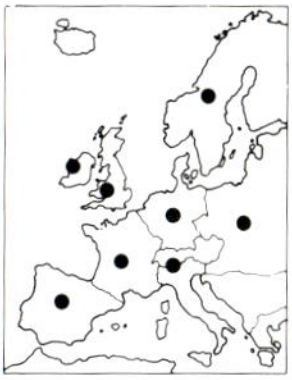

Dicht belaubter, bis zu 30 m hoher Baum mit sommergrünen Blättern, Rinde glatt und grau. Blätter gefiedert, 20 bis 45 cm lang, im allgemeinen mit sieben Teilblättchen. Männliche Blüten in gelben Kätzchen, weibliche Blüten grün. Die typischen Walnüsse liegen im Innern einer zweiklappigen Schale, die ihrerseits von einer grünen, fleischigen Schicht umgeben ist.

Der Walnußbaum stammt aus Südosteuropa und Asien und wurde in viele Gebiete Europas eingeführt. Er wurde sowohl wegen seiner Früchte als auch wegen des geschätzten Holzes angepflanzt.

Die Walnüsse kann man erst im Spätherbst essen, wenn sie gut ausgetrocknet sind. Man ißt sie roh oder verwendet sie für die unterschiedlichsten Zwecke. In manchen Gebieten gewinnt man ein Öl aus ihnen. Die Italiener stellen aus der Fruchtschale einen magenstärkenden Nußlikör her.

Der Walnußbaum gilt auch als Heilpflanze.

GEMEINE HASEL

Frühherbst

Corylus avellana

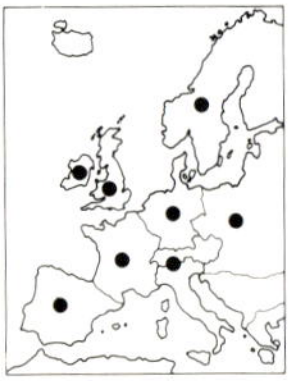

Bis 6 m hoher Strauch oder Baum, Äste aufrecht, Rinde glatt und braun. Blätter fast rund, auf der Unterseite etwas behaart, Rand gezähnt. Männliche Kätzchen lang und gelb, hängend. Die weiblichen Blüten sind zu winzigen Ähren vereinigt. Die reifen Haselnüsse sind am Strauch noch von den grünen gezähnten Hochblättern umgeben.

An Waldrändern, in Hecken und lichten Wäldern. In ganz Europa, im allgemeinen auf neutralem oder kalkhaltigem Boden, auf sauren Böden nur bei entsprechend großer Feuchtigkeit.

Wir essen die Haselnüsse roh oder geröstet. Geriebene Haselnüsse spielen eine große Rolle in der Konditorei. Man kann mit den Nüssen auch Salate, Joghurt und Müsli aufbessern.

Die Haselnüsse, die wir im Geschäft kaufen, stammen überwiegend von verwandten Arten, die in der Türkei angebaut werden.

ESSKASTANIE

Castanea sativa

Herbst

Bis 35 m hoher Baum, Rinde spiralförmig gerieft, Blätter sommergrün, 12 bis 25 cm lang, Rand tief eingekerbt. Aufrechte Kätzchen mit weiblichen Blüten an der Basis und gelben männlichen Blüten fast auf der ganzen Länge. Fruchtschale grün, sehr stachelig, im Innern mit meistens zwei großen dunkelbraunen Samen.

Die Eßkastanie stammt aus Südosteuropa. Nördlich der Alpen kann sie sich jedoch nur an wenigen Orten halten. Im Süden gibt es richtige Eßkastanienwälder, die überwiegend als Niederwälder genutzt wurden.

Bevor man die Kastanien grillt, muß man sie einschneiden. Man kann sie in Essig oder Zucker konservieren. Köche pürieren gekochte Eßkastanien gern und reichen sie zu Wildgerichten. Getrocknete Kastanien werden zu Suppen oder Süßigkeiten verarbeitet. Auch Kastanienmehl gibt es zu kaufen.

Die Roßkastanien, die bei uns häufig vorkommen, sind ungenießbar. Wir erkennen sie an den gefingerten Blättern mit fünf bis sieben Teilblättern. Die Fruchtschalen tragen nur einige wenige Dornen.

ROTBUCHE

Spätsommer und Herbst *Fagus sylvatica*

Großer bis über 35 m hoher Baum, Rinde glatt und grau. Blätter groß, sommergrün, ledrig glänzend, vorne zugespitzt, Rand gewellt.
Die unscheinbaren gelben männlichen Blüten und die grünen weiblichen Blüten erscheinen vor den Blättern. Fruchthüllen braun, stachelig, vierklappig aufspringend. Sie entlassen dabei die braunen Bucheckern.

In vielen Gebieten Europas dominierender Baum in Mischwaldgebieten. Verlangt gut drainierte Kalkböden. Die Buche wird oft auch in Hecken und Parks angepflanzt.

Man kann die Bucheckern roh essen, doch sind sie sehr klein. Nach dem Rösten und Mahlen ergeben sie einen Kaffee-Ersatz. Früher wurden die Bucheckern auch gepreßt, um ein Öl zu erhalten. Heute hat man davon Abstand genommen, weil das Öl verhältnismäßig viel Blausäure enthält und damit gesundheitsschädlich ist.

Die Eßkastanie hat große längliche, gezähnte Blätter. Ihre Samen sind allein schon durch die beträchtliche Größe nicht mit den Bucheckern zu verwechseln.

TRAUBENEICHE

Quercus petrala

Herbst

1

Großer ausladender Baum, 30 – 40 cm hoch, Rinde graunbraun und rissig. Blätter gelappt, meist mit drei bis sechs Einbuchtungen, Blattstiel an der Basis leicht verbreitert. Die männlichen Blüten stehen in länglichen Kätzchen, weibliche Blüten winzig. Die Eicheln entwickeln sich in außen schuppigen Fruchtbechern.

Die Traubeneiche ist ein typischer Baum der Mischwälder. Sie liebt schwere Böden, vor allem mit basischer Reaktion. Im größten Teil Europas verbreitet, mit Ausnahme des äußersten Nordens und gewisser Mittelmeergebiete.

Wenn wir die Eicheln schälen, rösten und mahlen, erhalten wir einen Kaffee-Ersatz.

Die Stieleiche *(Quercus robus* (1)) hat oft eine Krone, die in Teilstämme aufgelöst ist. Auch ihre Eicheln lassen sich zu einem Kaffee-Ersatz verarbeiten.

HEIDEWACHOLDER

Sommer bis Winter *Juniperus communis*

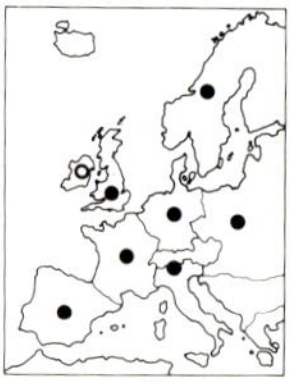

Strauchartiger Nadelbaum, niederliegend oder aufrecht, 1 bis 6 m hoch, Rinde braun, sich in Streifen ablösend. Blätter immergrün mit scharfer Spitze, auf der Oberseite mit einem weißen Streifen. Die kugeligen Zapfen ähneln kleinen fleischigen Beeren. Sie sind zuerst grün und verfärben sich dann im zweiten Jahr blauschwarz mit heller Bereifung.

In Gebirgen und auf Heiden, gern auf trockenem Kalkboden.
In ganz Europa verbreitet.

Die schwarzen Beeren werden getrocknet oder geröstet und dienen vor allem als Gewürz in Marinaden, im Sauerkraut und sogar als Ersatz für Pfeffer und Kaffee. Das in den Wacholderbeeren enthaltene Öl verleiht dem Gin sein typisches Aroma.

Der Wacholder ist auch eine Heilpflanze. Mit seinem Holz räuchert man Schinken und andere Fleischwaren.

SENFKOHL

Brassica nigra

Frühjahr und Sommer

Einjährige Pflanze mit aufrechten verzweigten Stengeln, bis 1 m hoch. Untere Blätter groß, gelappt und behaart; obere Blätter kleiner, gezähnt und unbehaart. Blüten leuchtend gelb, mit vier Kronblättern, in Trauben am Ende der Stengel. Schoten nach oben gerichtet, am Ende mit einem Schnabel, kurz gestielt.

Auf Ödland, an Straßenrändern, Brachland und Äckern, ohne Zweifel eingebürgert. Auch auf Meeresklippen und an Gräben und Bächen. Verbreitung in Mittel- und Südeuropa.

Vom Frühjahr an können wir die ganz jungen äußeren Blätter als Gemüse oder Salat verwenden. Im Spätfrühling werden sie bitter. Die Blütenknospen können wir wie Broccoli zubereiten. Aus den gemahlenen Samen gewinnt man Senf.

Die käuflichen Senfsorten bestehen aus den Samen des Senfkohls und des Weißen Senfs, aus Essig und weiteren Gewürzen. Der Weiße Senf kommt auch verwildert vor.

ECHTER KÜMMEL

Sommer *Carum carvi*

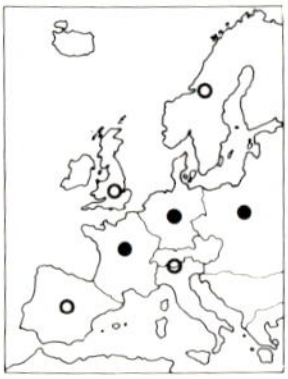

Zweijährige Pflanze, 30 bis 60 cm hoch. Im ersten Jahr bildet sich eine Blattrosette, im zweiten der beblätterte, verzweigte, innen hohle Blütenstengel. Blüten weiß, in zusammengesetzten Dolden; äußere Blüten deutlich größer als die inneren. Früchte länglich, gerieft, verströmen beim Reiben einen starken Duft.

In einem großen Teil Europas eingeführt und kultiviert.
Als Wildpflanze in Wäldern und auf Gebirgswiesen, auf Ödland und Äckern oft verwildert. Selten in Großbritannien.

Mit den reifen Samen verleiht man Brot, Gebäck, Käse, Fleisch und Würsten ein besonderes Aroma. Wir können die jungen Blätter auch zu Salaten geben. Die gekochten Wurzeln serviert man wie den Pastinak. Mit dem Öl, das in den Samen enthalten ist, aromatisiert man die verschiedenen Kümmelschnäpse.

Kümmelsamen sind ein gutes Heilmittel gegen Verdauungsstörungen.
Es besteht das Risiko einer Verwechslung mit dem giftigen Gefleckten Schierling, doch riecht dieser sehr unangenehm.

DILL

Sommer

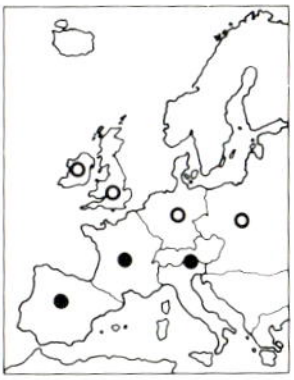

Einjährige aromatische Pflanze, bis 50 cm hoch, im allgemeinen mit einem leicht verzweigten hohlen, gerieften, blaugrünen Blütenstengel. Blätter fedrig zerschlitzt. Blüten gelb, klein, in zusammengesetzten Dolden. Früchte klein, oval, stark zusammengedrückt, dunkelbraun mit helleren Flügeln.

Der Dill stammt aus Asien, wird aber an vielen Stellen in Europa kultiviert. Er kommt verwildert auf Äckern und Ödland vor, ist im Norden aber nicht sehr häufig.

Mit den jungen Blättern würzt man Suppen und Fischsaucen. Sie sind eine wesentliche Zutat für den eingelegten Gravad Lachs. Dillsamen verleihen Salaten, Gebäck und Gurken ein besonderes Aroma.

Der Dill gilt auch als Heilpflanze. Er hilft bei der Verdauung und verhindert Blähungen. Ähnlich sieht der Echte Fenchel aus, doch ist er mehrjährig. Seine Früchte zeigen eine rundlichere, ovale Form.

KLATSCHMOHN

Spätsommer *Papaver rhoeas*

Einjährige Pflanze mit einer Rosette aus tief eingeschnittenen Blättern, diese langgestielt, Blüten an langen, aufrechten beblätterten Stengeln, bis 60 cm hoch. Blüten rot, einzeln stehend, Blütenknospen anfangs hängend. Kapseln oval, sich am oberen Ende öffnend. Ganze Pflanze mit Mohnsaft und mit steifen Haaren bedeckt.

Einst ein berüchtigtes Unkraut auf Getreidefeldern, durch Saatgutreinigung stark zurückgegangen. Heute vor allem auf Ödland und an Straßenrändern in ganz Europa verbreitet.

Mit den kleinen schwarzen Mohnsamen verleihen wir dem Brot und anderem Gebäck ein besonderes Aroma. Man kann sie auch mit Honig vermischen. Der Mohn wird vor allem in Südosteuropa kultiviert; aus den Samen gewinnt man ein Öl.

Die Kronblätter der Mohnblüte werden als Heilpflanze verwendet, als Garnitur und um Speisen zu färben. Es werden auch die Samen des Schlafmohns verwendet.

BUCHWEIZEN

Fagopyrum esculentum

Sommer und Herbst

Einjährige Pflanze, Stengel aufrecht und hohl, bis 60 cm hoch, rot oder purpur gefärbt. Blätter dunkelgrün, pfeilförmig, die unteren langgestielt, die oberen sitzend. Blüten klein, rosa oder weiß, in dichten Blütenständen, diese langgestielt. Früchte dunkelbraun, dreikantig.

In Mitteleuropa auf Kultur- und Ödland, oft verwildert. Der Buchweizen stammt aus Asien und wird seit dem Mittelalter in vielen Gebieten Europas angebaut.

Wir mahlen die trockenen Samen zu Mehl und stellen daraus Brot, Kuchen, Crêpes, Porridge oder Knödel her. Das Buchweizenmehl verleiht den Speisen ein nußartiges Aroma. Es gibt auch ein Buchweizenbier.

Der Buchweizen war bei uns fast vergessen, erfuhr aber durch die Hinwendung zu gesunder Ernährung eine neue Aufwertung. Er dient auch als Heilpflanze.

PILZE UND ALGEN

Es gibt zahlreiche eßbare Pilze. Sie müssen sehr sorgfältig bestimmt werden, weil viele giftige oder sogar sehr giftige Doppelgänger haben. Wer sich als Anfänger mit dieser Materie vertraut machen will, sollte an Führungen teilnehmen und sich von Spezialisten einweisen lassen. Man muß wirklich sehr vorsichtig sein, denn ein Fehler kann tödliche Folgen haben.

Die Pilze wachsen bei uns vor allem im Herbst; die jungen schmekken am besten. Ältere Exemplare werden oft hart oder matschig und können sogar giftig wirken. Für die Zubereitung der Pilze gibt es viele Möglichkeiten: gedünstet in Butter, im schwimmenden Fett gebacken, roh als Salat, als Pilzragout, als Suppe und als Gewürz für andere Gerichte. Solche Gewürzpilze trocknen und zerstoßen wir anschließend zu einem Pulver.

Die Algen sind nur wenigen als Nahrungsmittel vertraut. Einige Arten sind eßbar und enthalten viele Mineralstoffe. Die Formen, die hier abgebildet und behandelt sind, sind vor allem an der Westküste Europas leicht zu bekommen und bieten die Möglichkeit einer neuen kulinarischen Erfahrung.

SPEISEMORCHEL

Morchella esculenta

Frühjahr

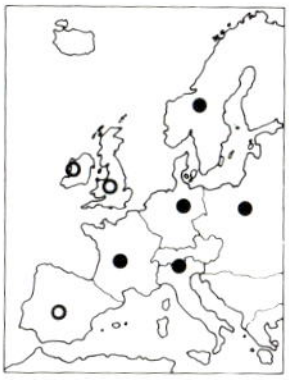

Der Hut dieser Art ist von zahlreichen Längs- und Querleisten durchzogen und erinnert an eine Bienenwabe. Die Farbe schwankt von Gelblich bis eher Graubraun. Stiel weiß, innen hohl. Sporen farblos oder hellgelb. Leichter Pilzduft. Gesamthöhe bis 10 cm.

In offenen Wäldern und Hecken, Gärten und Parks, besonders gern auf Auenböden, kalkliebend. In ganz Europa verbreitet.

Ein gesunder Speisepilz. Muß gründlich gewaschen und in kochendem Wasser blanchiert werden. Anschließend wird er in Scheiben geschnitten und in Butter gebraten. Man verwendet ihn vor allem in Suppen und Saucen. Wir können die Speisemorchel auch trocknen, pulverisieren und als Würze einsetzen.

Verwechslungsgefahr mit der Frühjahrsmorchel, deren Hut dunkelbraune gehirnartige Windungen aufweist. Sie ist giftig und sollte gemieden werden.

MAIRITTERLING

Frühjahr und Sommer *Calocybe gambosa*

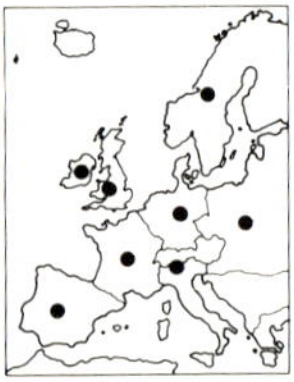

Hut fleischig, weiß oder cremefarben, Durchmesser bis 13 cm. Hutoberfläche glatt, Rand völlig regelmäßig, Lamellen sehr dicht stehend, weiß oder hellgelb. Stiel fest, fleischig, bis 8 cm hoch. Der ganze Pilz verströmt einen typischen Mehlgeruch.

In Wiesen nahe am Waldrand, in Lichtungen und Hecken.
Oft einzeln erscheinend, in ganz Europa verbreitet.

Die jungen Exemplare schmecken am besten. Nach dem Waschen schneidet man sie im allgemeinen in Scheiben. Sie vertragen eine längere Kochzeit; man kann sie deswegen langsam dünsten. Zusammen mit Käse und Spinat dienen sie als Füllung für Gemüsetorten.

Der Pilz tritt im Frühjahr auf, wenn noch fast keine anderen Pilze erscheinen. Man darf ihn auf keinen Fall mit dem Ziegelroten Rißpilz verwechseln, der sich durch den spitzkegeligen Hut unterscheidet.

WIESENCHAMPIGNON

Agaricus campestris

Sommer

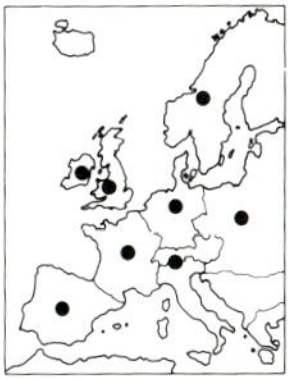

Der Hut ist zunächst seidenweiß und konvex, anschließend flach und eher gelblich, wobei er einen Durchmesser von 12 cm erreicht. Lamellen erst rosafarben, dann braun bis schwarz. Stiel weiß, mit Ring. Sporen schwarzbraun. Typischer Champignongeruch.

Sehr häufig in Wiesen, Rasen und Weiden, oft in Hexenringen wachsend. Besonders zahlreich tritt der Pilz nach einer warmen Regennacht auf. In ganz Europa verbreitet.

Einer der wenigen Pilze, die man roh essen kann. Sonst in Butter gebraten, mit oder ohne Knoblauch. Sehr gut auch in Fleischeintöpfen, in weißer Sauce oder in Pilzsuppe. Wir können die größten Hüte aushöhlen, mit Fleisch füllen und anschließend im schwimmenden Öl ausbacken.

Der Weiße Anischampignon *(Agaricus arvensis* (1)) weist einen größeren, cremefarbenen Hut (Durchmesser bis 20 cm) auf. Bei allen Egerlingen besteht die Gefahr einer Verwechslung mit Knollenblätterpilzen.

PARASOL

Spätsommer und Herbst *Macrolepiota procera*

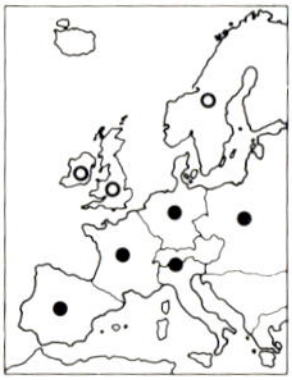

Großer schuppiger, schirmförmiger Hut mit einem Durchmesser bis 30 cm, Rand samtig, Haut des Hutes schuppig auf weißem oder cremefarbenem Grund. Stiel bis 25 cm lang, unten keulenförmig wie ein Trommelschlegel, mit doppeltem Ring, der sich verschieben läßt. Lamellen weiß, Sporen weiß.

Häufig in lichten Wäldern, auf Wiesen und Weiden, im Gebüsch und an Straßenrändern. Oft in größeren Gruppen, bisweilen Hexenringe bildend. In ganz Europa verbreitet.

Der Stiel ist faserig und hart und kann nicht gegessen werden. Am besten schmecken die Hüte, wenn sie sich gerade zu öffnen beginnen. Sie weisen dann die Form eines Paukenschlegels auf. Wir können die Hüte in Butter braten, mit Salbei und Zwiebeln füllen und im Ofen überbacken, auch trocknen, mahlen und als Würzpulver verwenden.

Der Safranschirmling ist deutlich kleiner als der Parasolpilz und hat ein eßbares Fleisch, das beim Anschneiden intensiv safrangelb anläuft. Andere noch kleinere Schirmlingsarten sind giftig.

SCHOPFTINTLING

Coprinus comatus

Sommer

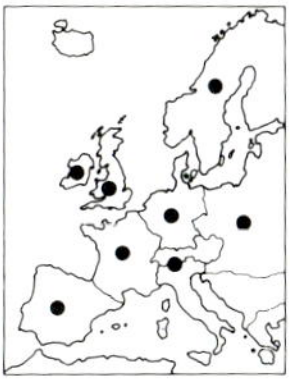

Hut samtig, weiß, bei jungen Exemplaren bis 15 cm hoch, zunächst walzenförmig oder elliptisch mit weißen Lamellen. Nach einiger Zeit beginnt der Hut vom Rand an sich zu verfärben und in einer schwärztlichen Tinte zu zerfließen. Sporen schwarz. Stiel weiß, bis 15 cm lang, mit beweglichem Ring.

Auf Weiden und Rasen, an Straßenrändern und Parks, auf Ödland und Müllhalden, oft in größeren Gruppen. Häufig und in ganz Europa verbreitet.

Die Stiele werden nicht verwendet. Man kann nur die ganz jungen Hüte essen, wenn die Lamellen noch reinweiß und nicht verfärbt sind. Der Schopftintling schmeckt vorzüglich und kann auf die verschiedensten Arten zubereitet werden.

Der Faltentintling sieht ähnlich aus, hat aber einen glatten Hut. Er ist eßbar, aber man darf, wie bei allen Tintlingen, vor, während und nach der Mahlzeit keine alkoholischen Getränke zu sich nehmen, weil er sonst giftig wirkt.

VIOLETTER RÖTELRITTERLING

Herbst und Frühwinter *Lepista nuda*

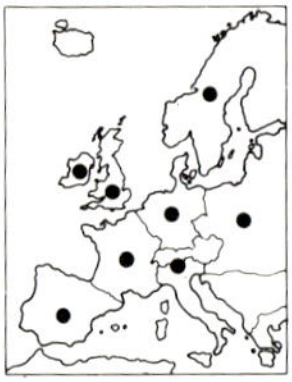

Hut glatt, 8 bis 15 cm im Durchmesser, lila oder braunviolett, sich im Alter braun oder gelbbraun verfärbend. Lamellen geschwungen, lange violett bleibend, von unterschiedlicher Länge, leicht vom Hut abzulösen. Stiel dick, faserig, lila, bis 10 cm hoch. Fleisch fest, blau, später rötlich verfärbt. Sporen rosafarben.

Häufig in offenen Wäldern, Gärten, auf Komposthaufen, oft in größeren Gruppen. In ganz Europa verbreitet.

Der Violette Rötelritterling tritt auf, wenn die meisten anderen Pilze schon verschwunden sind. Man darf ihn auf keinen Fall roh essen. Er wird gedünstet oder in Butter gebraten. Mance blanchieren ihn und legen ihn in Essig ein.

Es gibt noch weitere eßbare Rötelritterlingarten. Man muß sich allerdings vor einigen Trichterlingen hüten, die ähnlich aussehen und giftig sind.

SEMMELSTOPPELPILZ

Hydnum repandum **Spätsommer und Herbst**

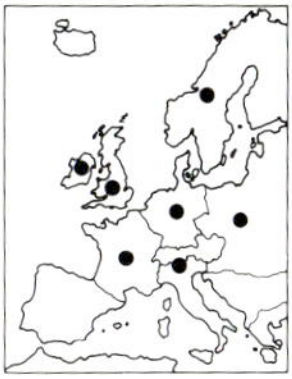

Ein fleischiger Pilz mit unregelmäßiger Hutform, 3 bis 12 cm im Durchmesser. Hut orange bis hellgelb, auf der Unterseite dicht mit Stacheln bedeckt, die anstelle der Lamellen stehen. Stacheln ungleich lang, spitzig, gelb, stark zerbrechlich. Stiel oft sehr unregelmäßig geformt, weiß, 3 bis 8 cm hoch, Sporen weiß.

Unter Laub- und Nadelbäumen, oft häufig und gruppenweise auftretend, zuweilen Hexenringe bildend. In ganz Europa verbreitet.

Die jungen Hüte schmecken am besten, während die älteren oft eine gewisse Bitterkeit aufweisen. Um diese zu entfernen, blanchiert man die Pilze in heißem Wasser. In gekochtem Zustand verströmen sie einen leichten Nußduft. Man kann sie in Butter dünsten oder vor allem in Eintöpfen verwenden. Sie ergeben aber keine besonders gute Suppe.

Die Stacheln erleichtern die Bestimmung dieses Pilzes. Ebenfalls Stacheln weist der Habichtspilz auf: Hut dunkelbraun schuppig, nur jung brauchbar, ein vorzüglicher Würzpilz.

PFIFFERLING

Spätsommer und Herbst *Cantharellus cibarius*

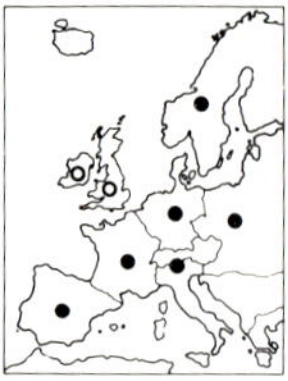

Hut fleischig, erst gewölbt, dann flach, schließlich trichterförmig, 5 bis 12 cm hoch. Anstelle der Lamellen stehen leistenförmige Vorsprünge auf der Hutunterseite. Farbe hellgelb bis orange, Sporen hellgelb oder cremefarben.

Oft gruppenweise in Nadel- und Laubwäldern, besonders gern in dicken Moosschichten unter Eichen und Buchen. In ganz Europa verbreitet, vielerorts aber durch übermäßiges Pflücken stark am Zurückgehen.

Dieser schmackhafte Speisepilz muß längere Zeit gekocht werden. Besonders beliebt ist er als Beigabe zu Wildgerichten. In Bayern ißt man ihn gedünstet zu Knödeln. Der Pfifferling eignet sich nicht zum Trocknen.

Es gibt einige weitere ähnliche Arten mit Leisten auf der Hutunterseite, von denen einige eßbar, aber weniger schmackhaft sind. Vorsicht ist geboten bei Arten mit stark trichterförmigem Hut.

TOTENTROMPETE

Craterellus cornucopioides **Spätsommer bis Spätherbst**

Hut trichterförmig, bis 12 cm hoch, Rand gewellt, Fuß hohl. Hutoberseite schwärzlich oder dunkelgraubraun, Fleisch grau, Sporen weiß. Die Hutunterseite ist glatt oder nur leicht gerieft, die Innenseite schuppig oder samtartig.

Unter Laubbäumen, vor allem Eichen und Buchen, oft in größeren Mengen. In ganz Europa verbreitet und verhältnismäßig häufig.

Ein guter Pilz, der frisch in Ragouts, Suppen und Salaten verwendet wird. Getrocknet und pulverisiert ist er wohl der beste Würzpilz.

Das Fehlen von Lamellen oder leistenartigen Vorsprüngen auf der Hutaußenseite zeichnet diesen Pilz aus, der kaum mit einem anderen verwechselt werden kann. Arten mit ähnlicher Trichterform weisen Lamellen auf.

STEINPILZ

Herbst

Boletus edulis

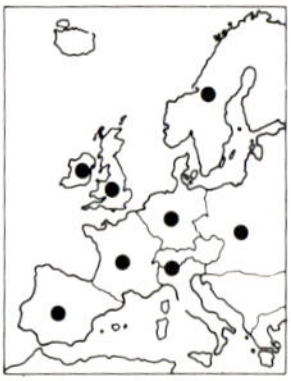

Hut fleischig, braun, 12 bis 25 cm im Durchmesser, Oberfläche sich fett anfühlend, Rand weiß. Die Röhrenschicht unter dem Hut ist hell und wird mit der Zeit gelblichgrün. Stiel bis 15 cm hoch, hell, stellenweise auch graubraun oder mit rötlichbraunem Netz.

Ziemlich häufig und verbreitet unter Laub- und Nadelbäumen, vor allem in Mischwäldern und auf Lichtungen. In ganz Europa verbreitet, eine vielgestaltige Art.

Einer der bekanntesten Speisepilze. Vorzüglich schmeckt er roh in Salaten. Wir können ihn auch in Butter dünsten, zu Eintöpfen geben oder daraus Pilzsaucen für Spaghetti kochen. Manche trocknen den Steinpilz und verwenden ihn als Würze.

Täuschend ähnlich ist oft der Gallenröhrling, den man an der gewölbten Hutunterseite und den rosafarbenen Röhren erkennen kann. Er ist nicht giftig, aber oft unerträglich bitter.

AUSTERNSEITLING

Pleurotus ostreatus **Herbst und Winter**

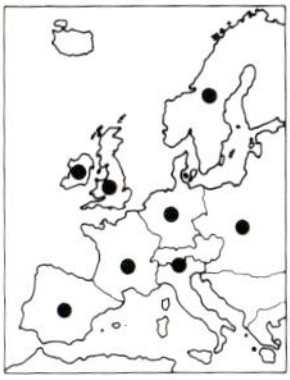

Hut kreisrund oder muschelförmig, im Durchmesser 8 bis 15 cm, direkt auf dem Holz toter oder kränkelnder Bäume wachsend. Die Hutoberfläche wirkt wachsartig und ist in der Jugend bläulichgrün, später im Alter bräunlich. Lamellen weiß, Sporen rosafarben.

Häufig auf Ästen und Strünken, im allgemeinen an toten Bäumen. In Wäldern und Parks in ganz Europa. Tritt oft spät im Winter auf, wenn die anderen Pilze schon verschwunden sind.

Wir sammeln Austernseitlinge, wenn das Fleisch noch fest und weiß ist. Sehr gut schmeckt der Austernseitling einfach mit Zwiebeln und Knoblauch in Butter gedünstet. Man kann ihn aber für fast alle Pilzgerichte verwenden. Der Austernseitling wird heute kultiviert und überall auf dem Markt angeboten.

An Bäumen wachsen auch die Porlinge; sie haben keine Lamellen, sondern auf der Unterseite Poren. Sie sind zäh und ungenießbar, wenn auch nicht giftig (siehe Schwefelporling, Seite 116).

KRAUSE GLUCKE

Herbst

Sparassis crispa

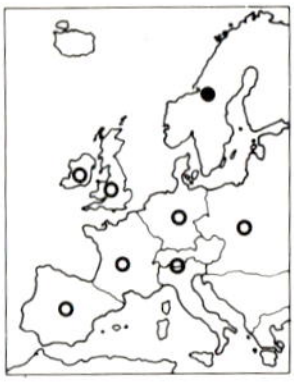

Ein großer, in den Umrissen meist runder Pilz mit einem Durchmesser bis 50 cm. Die Außenfläche erinnert an einen Blumenkohl oder einen Badeschwamm. Der Strunk ist verästelt, die Zweigenden ziemlich flach, blattartig, gewellt wie Hirnwindungen, gelb bis braun.

Der Pilz wächst am Grunde von Kiefern oder auf Kiefernstrünken. In ganz Europa verbreitet, aber nicht häufig.

Nur die jungen, noch sehr hellen und zerbrechlichen Exemplare sind eßbar. Mit zunehmendem Alter wird die Krause Glucke ledrig, zäh und bitter. Wir müssen den Pilz waschen, um Insekten zu entfernen, und brechen ihn dann in Stücke. Wir dünsten ihn zusammen mit Knoblauch in Butter oder bestäuben ihn mit Mehl, um ihn dann zu backen.

Kann nicht mit giftigen oder ungenießbaren Arten verwechselt werden. Die sehr ähnliche Eichenglucke kommt nur unter Eichen vor und ist schmackhaft.

RIESENBOVIST

Langermania gigantea **Spätsommer**

Fruchtkörper kugelig oder knollig, mit einem Durchmesser bis über 40 cm, oft mehere Kilo schwer. Außenhaut weiß, leicht flockig, sich im Alter bräunlich verfärbend. Sporenmasse im Inneren weiß, im Alter braun und zu einem Pulver zerfallend.

Auf nährstoffreichen Böden, in Gärten, Wiesen und Parks. Lokal häufig, in ganz Europa verbreitet.

Den Riesenbovist muß man wie alle anderen Bovistarten pflücken, solange das Innere noch fest und reinweiß ist. Wir schneiden den Riesenbovist in 1 cm dicke Scheiben, dünsten diese in Butter oder tauchen sie in einen Tropfteig und backen sie dann aus. Auch paniert schmecken die Pilze gut.

Der Flaschenstäubling ist viel kleiner (Durchmesser 8 cm), kann aber auf dieselbe Weise verzehrt werden.

WEITERE ESSBARE PILZE

1

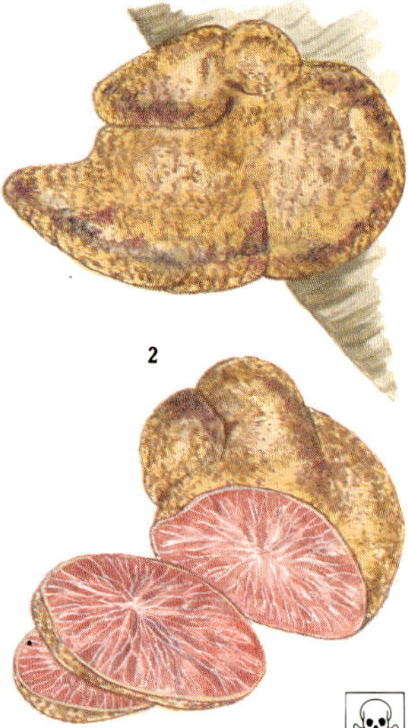

2

Schwefelporling *(Laetiporus sulphureus)* (1) Hüte meist zahlreich untereinander verbunden, dachziegelartig übereinanderwachsend, Rand gewellt, Unterseite mit zahlreichen-Poren. Im allgemeinen orange, Fleisch weiß, von käseartiger Beschaffenheit. Der Schwefelporling wächst in ganz Europa auf lebenden Bäumen, zum Beispiel Eichen. Nur die jüngsten Exemplare sind eßbar. Wir brühen sie ab und backen sie aus oder schneiden sie in Stücke oder dünsten sie. Die übrigen Pilze mit ähnlicher dachziegelartiger Wuchsform sind ungenießbar.

Leberpilz *(Fistulina hepatica)* (2) Ein einziger, zungenförmiger Hut, im Durchmesser bis 40 cm. Oberfläche rötlichbraun, Unterseite mit hellen Poren. Fleisch faserig, saftig, mit roten Adern durchzogen, einem Stück Rindfleisch ähnlich. Der Leberpilz wächst in ganz Europa am Stamm von Eichen oder Edelkastanien. Wir verwenden nur die jungen Exemplare, dünsten sie mit Zwieben, Knoblauch und anderen Kräutern.

KNORPELTANG

Chondrus crispus

Frühjahr

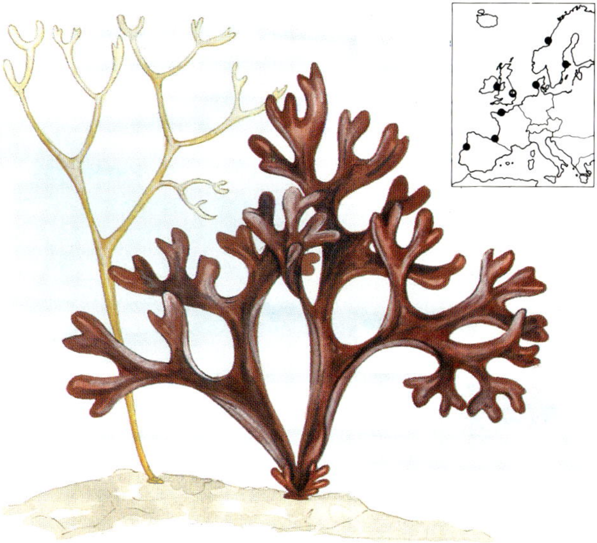

Kleine, verzweigte keilförmige bis fächerförmige Alge, im Höchstfall 15 cm lang. Mehrere Stengel entspringen einer zentralen Scheibe. Konsistenz ledrig bis knorpelartig, Farbe in der Natur rötlichviolett bis purpurbraun, verfärbt sich an der Sonne grün oder weiß.

Auf Steinen und Felsgrund von der Uferzone bis zur mittleren Gezeitenzone. Häufig an der Atlantikküste und in Nordeuropa.

Man erntet die jungen Pflanzen im Frühjahr und trocknet sie. Sie enthalten eine Art Gelatine, mit der man Suppen, Aspiks und Mousses herstellt. Die Pflanze wird auch von der Industrie als Geliermittel verwendet.

Reich an Mineralstoffen und Vitaminen. Die Alge wird auch mit Zucker eingekocht und gegessen.

PURPURTANG
Frühjahr und Frühsommer *Porphyra umbilicalis*

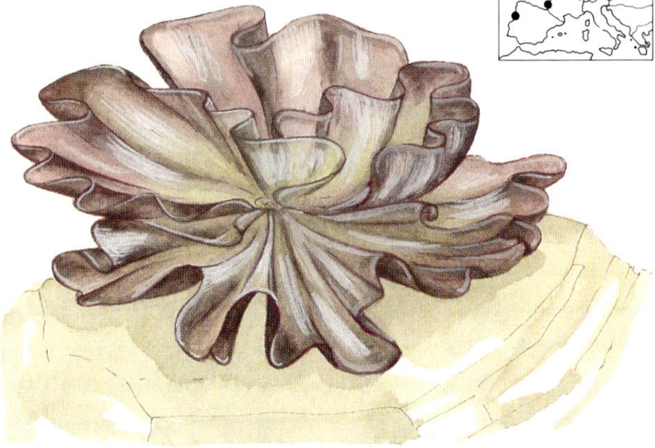

Bis 20 cm große Alge, am Untergrund mit einer kleinen zentralen Scheibe festgeheftet, Körper wellig, lappig, gelantinös, unterschiedlich gefärbt, braun, purpurfarben bis grün. Einzelne Lappen durchscheinend, häutig, an Laubblätter erinnernd.

Auf Stein- und Felsuntergrund, sogar auf teilweise von Sand vergrabenem Geröll. In der Uferzone, an den Küsten Nord- und Westeuropas verbreitet.

Das walisische Laver Bread wird mit dieser Alge hergestellt. Sie wird gewaschen, so lange gekocht, bis sie sich in Stücke auflöst und sie zu einem Püree wird und schließlich zu einem Algenbrot gebacken. Zusammen mit Zitrone wird diese Alge auch zu einer Sauce verarbeitet, die man zu Lammfleisch reicht.

Das genannte Algenbrot ist sehr reich an Proteinen, Mineralstoffen und Vitaminen. Ähnlich wie der Purpurtang sieht der Meersalat aus, der allerdings hellgrün bleibt.

HAUTTANG

Rhodymenia palmata

Frühjahr bis Herbst

Harte, ledrige Alge, lappig verzweigt, oft mit Seitensprossen, die wie Finger aussehen. Die Alge heftet sich an einer kleinen Scheibe am Untergrund fest. Farbe dunkelrot oder braunrot. Häufig vom Frühjahr bis Herbst.

Auf felsigem Untergrund, Steinen und auch auf größeren Algen. An den Küsten des Atlantiks und des Nordmeers, von der Uferzone bis in mittlere Tiefen.

Wir waschen die Alge gut, schneiden sie in Stücke und essen sie dann roh als Salat oder gekocht als Gemüse. Sie verlangt eine lange Kochzeit. Die getrocknete Alge wird mit anderen Gemüsesorten zusammen gedünstet. Sie enthält viele Mineralstoffe, vor allem Kalium und Magnesium.

Viele Blättertange mit der Bezeichnung Braunalge enthalten sehr viel Jod. Sie leben in der unteren Uferzone. Man ißt sie als Gemüse, als Suppeneinlage oder in Ragouts.

Register und Liste zum Abhaken

Die im Buch abgebildeten Pflanzen sind **fett** gedruckt.